掷地　宋鹏程　著

南海出版公司

图书在版编目(CIP)数据

时·物 / 掷地, 宋鹏程著. -- 海口 : 南海出版公司, 2018.10
ISBN 978-7-5442-9417-1

Ⅰ. ①时… Ⅱ. ①掷… ②宋… Ⅲ. ①报告文学—作品集—中国—当代 Ⅳ. ①I25

中国版本图书馆CIP数据核字(2018)第213243号

SHI·WU:WOMEN SHIDAI DE YUANSHENG PINPAI
时·物:我们时代的原生品牌

作　　者　掷 地　宋鹏程
责任编辑　孙翠萍
出版发行　南海出版公司 电话:(0898)66722926(出版)(0898)65350227(发行)
社　　址　海南省海口市海秀中路51号星华大厦五楼　邮编:570206
电子信箱　nhpublishing@163.com
经　　销　新华书店
印　　刷　广州市彩源印刷有限公司
开　　本　787毫米x1092毫米　1/16
印　　张　12.5
字　　数　128千
版　　次　2018年10月第1版　2018年10月第1次印刷
书　　号　ISBN 978-7-5442-9417-1
定　　价　65.00元

在微时光中，掷地有声

一山一湖一竹，一杯清酒一曲歌。

有人喜静，有人喜闹，有人爱上宁静淡泊的生活，有人沉迷于拼搏创业的生活，或安逸或惊心动魄，都是芸芸众生所呈现的活着的方式的其中一种。

有这样一群人，他们甘愿舍弃平静的岁月，为了一个渺小而偏执的梦想义无反顾，或背上行囊移居远方，或埋首工作室里制作精细的物品，或行至山野乡间，寻找最好的食材。他们把生命化作制作陶具的一捧泥土，也化作一片片炽热的炭，做出一样样精致的物件，煮出一杯杯裹着馥郁香味的茶汤；或者，他们用洗净的双手化腐朽为神奇，只为了人们口中一瞬的惊艳，唤醒人们沉寂已久的味蕾；或者，他们放弃更好的工作，固执于某种在一个点上做到极致的事业，只为圆自己幼时的一个梦想。

而也因为这样一群人，我们愿尊重初心，为他们扬起起航的风帆，看他们细水长流，将力气凝集，把时间归于生命的微处，在小众的时光中掷地有声，造物无言。

掷地与我说，创作这本书是她的一个梦想。16个品牌的创业者，16个与众不同的故事，代表着16种不同的人生。有人生之伟大，有人生之微末，更多的是不断在人生路上疲于奔波的普通人，他们没有资本的扶持，没有媒体的聚焦，甚至得不到亲朋好友的理解与支持。他们只有一颗赤子之心，凭着一腔热血投身于自己的事业，从无到有，从零到极致，一点点做出自己的产品，把它们变成时间的作品，同类产品中的珍品，再收获喜爱和尊重，开始拥有自己的顾客群体与粉丝，最终获得时间与初心的回馈。他们是平凡的创业者，甚至是毫无光环，不被大众所知的普通创业群体、手工艺人。他们不在乎经营自己，只知道埋头苦干，只知道忠于自己手中的实物。掷地说，正是他们这不计付出的制作，带来了世间最细枝末梢的那点温柔，像是枯枝叶尖上突然抽出的那朵玉兰，在早春时节倏地散发出迷人的芬芳。

从山野农夫的花茶到静研的家具，从半房杂货的精致物件到拥有186道工序的御品茶膏，这些美好的物件都寄托着他们的梦想。

每个人其实从来都不乏追梦的力量，缺少的是那双固执于微物的眼睛，和那份在未知的路上走下去的决心。如何让古法与旧艺焕发新生，如何把繁复变成至简，如何抛下一切对于名利的私心，回归生活的本原，这才是值得探究的问题。

记忆里，一直没有人真正关注过普通人的创业问题，即使再畅销的励志书也不会拿这些并未登顶的登山者作为例子，可努力成就了这些人手中的物件，这些物件又唤醒了掷地的初心。因而这一次，她终于创作出这样一本书，去关注真实创业者的起源与未来。

就像我们所看到的世间每一处温暖一样，他们的故事终究会归于平凡。即便如此，那些名声大噪的日本手工艺人一直被强调的匠心，还有我们在国内外遇到的所有精致的事与物，都会始终镌刻在我们的灵魂和精神里。

每个人都在过着自己的生活，做着自己的事，揣着自己的梦，与所遇到的孤独与寂寞相斗。即使这样也不要气馁，因为我们始终相信，生活终究不会背离努力的人，虽或曾被忽视，也不会被世上的尘沙所埋没。所以掷地一心向好，希望更多人能读到这些平凡的创业者的故事，或有同感，或有怜惜，并将“终有一天，小树苗也会长成参天大树”当成信仰。于是，她集结人力、物力采访到了这些故事，并怀着对创业者的敬意著成这本书。

言之，即使生于微末，也要绽放出夏花般的灿烂，愿世间所有的美好，都将成为一个循环。我们带着敬意，也很高兴这本书能最终到达您的手里。

2018年6月6日

钟惠 落笔于日本

钟惠 青年作家，海南省作家协会理事

海南省作协小说委员会委员

海南省双年文学奖之新人奖获得者

超级畅销书《越努力，越幸运》作者

时光拾遗：时间里的造物人

去过泰山的人，很容易被它的沉稳与厚重感动，可是你见过只有一米高的山吗？

你可能觉得我在开玩笑，但我想说，高山自有它的光环，可那些微末的小山也有它不容忽视的地方。很多时候，去除了标签、旗帜和光环，我们更能看见它真实的挣扎与成长。

时物，即时间与物，既是经时间的打磨而创造出来的美物，同时也是在寸寸流失的光阴里长久地为我们带来陪伴和感动的事物。时物更有另外一层含义，即那些时光里的造物人，借岁月之手打磨器物，同时也被岁月所打磨。

日短情长，在时间的洪流里逆行的造物人总显得那么特立独行。他们要忍受众人如潮水般向前方涌去，自己却要在推推搡搡的逆流里坚持自己；要忍受命运的喧嚣与境遇的失败并鼓励自己做持久的抗衡；更重要的是要在自己真正起飞之前忍受失败的预想和现实所带来的沮丧与自我怀疑，在荒凉的岁月里，呵护着那盏灯如豆般的初心——给这个世间留下一片小小的美好。

这期间虽有灰头土脸，鼻青脸肿的时候，但乐观和执着也让他们一步一个脚印地成长着。《牧羊少年奇幻之旅》中说过："当你真心渴望追求某种事物，整个宇宙都会联合起来帮你完成。"接受着考验，也不断顺势做出调整，这些执着却又单纯的造物人，不惧变化，捧着自己一颗赤诚之心，被感动着，也在感动着别人。

回头审视我们自己的时候才惊觉，那些蓦然出现的小物常常能触动我们最细微的神经末梢。直到我们读懂了那些精致小物背后让人惊心动魄的故事，再次端详它们时才明白，我们的感动正是来自于那些缔造者的勇气与执着。

因为好奇，因为珍视美物，更因为珍重美物的缔造者，我们曾耗费那么多个日夜来寻访那些特立独行的造物者，跟随着他们的脚步去回首过去、体验当下，仿佛是走在慢下来的时光线谱之中，这个小小的天地里没有了物欲带来的焦躁，没有了加速流逝的时间所带来的压力，没有了狂热的得失心，有的只是一种不悔时光的诚意。

他们的故事带着笑与泪，带着力量与感动。《凌食呀》里那个经历过复杂，最终选择坚持简单的坚强女孩，不去看得太远，永远活在当下；《小碗良食》里那个温暖又执着的父亲，放下名利去做一件忠于内心、不问成败的事；《静研》里那些有温度的人和器物，为浮萍般的现代人带来家的牵挂；《生活在左》的林栖，用织物编织成通向自然的秘道……他们隐秘而伟大，捂着自己在初创路上磨破的膝盖和手掌，将真诚美好的暖物呈给我们，微笑着看向我们，那亮晶晶的眼睛里有星辰和大海。

无常的生活从未能带走坚持者的初心，那些精心创造出来的美好小物拥有让人热泪盈眶的力量，那些人、那些物，真挚又热忱地让我们的生活一点点地变得美好起来。

时光成就了惊艳的美物，岁月给造物人带来了温润，更将慰藉和力量赠予欣赏者，我希望你泡一壶清茶，焚一炉香，坐在光线刚刚好的地方，准备好跟着这本书去看看那些时光里的他们。

目 录

目录

还原御品茶膏，186道工序的传承与超越

Inheriting and transcending: 186 processes

贡润祥

-

翻开尘封已久的《十国春秋》，内有文字记载：

“贡建州茶膏，制以异味，胶以金缕，名曰耐重儿，凡八枚。”

贡茶以“担”计量，茶膏却以“枚”计量，

且仅有八枚，足可见其珍贵。

- 贡润祥普洱茶膏

彼时，人们尚未知晓，

早已经有一个被茶膏撩拨了心弦的人在试图复活清代宫廷的制膏技艺。

路漫漫其修远兮，吾将上下而求索。

数年间，他不停地找寻、探索、研究、试验，

成就了杯中的那一抹茶意，

也向世人讲述了那些难以磨灭的记忆。

茶膏之魂，渐渐苏醒，重现光芒。

-

落入民间的“宫廷御品”，温婉飘逸的茶之香气

时光流转至2004年，由鲁迅先生收藏的39块来自清宫的普洱茶膏，引起了拍卖行的一场轰动。一小块看似不起眼的黑色茶膏，受到了众多行家的追捧。一时间，人们议论纷纷。

几克的普洱茶膏何以贵重？

自然是源于它不与寻常茶一般的滋味，复杂且难以复制的工艺，几经凝练的药用价值，及岁月沉淀下来的故事。

在时光不断向前的同时，许多古法技艺也逐渐消逝在历史的长河中。它们当中，有的已不值一提，有的被当代更为精湛的技术所取代。凡是值得被传承、被钻研、被继承的工艺，都有着独特的价值。普洱茶膏的制作技法，便是其中之一。

雍正七年冬云南土司马队雪夜进京

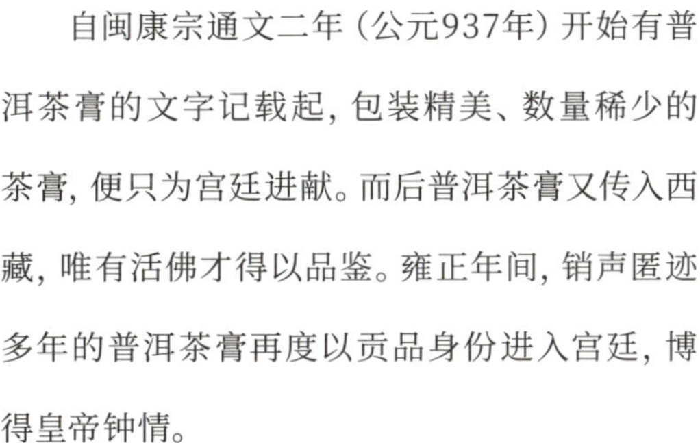

- 雍正品茶膏

自闽康宗通文二年（公元937年）开始有普洱茶膏的文字记载起，包装精美、数量稀少的茶膏，便只为宫廷进献。而后普洱茶膏又传入西藏，唯有活佛才得以品鉴。雍正年间，销声匿迹多年的普洱茶膏再度以贡品身份进入宫廷，博得皇帝钟情。

从那时起，清宫内汇集天下著名茶师，在专设的御茶房里，钻研制茶膏秘法。普洱茶膏不仅在香气、口感上更胜一筹，据《本草纲目拾遗》记载，其醒酒、消食化痰、清胃生津的养生作用也令人赞叹。乾隆皇帝还曾将其作为国礼，赠送给英国王室使团。至今，这一馈赠尚完好保存在大英博物馆。

而后，随着清王朝的覆灭，御茶房解散，制作普洱茶膏的古法技艺渐渐失传。民间各地虽不断有人试图复制，却均以失败告终。因此，世间尚存的少量普洱茶膏，愈发显得珍贵。

2000年，一位有心之人偶得清宫遗落民间的几粒茶膏。将其浸入水中时，香气四溢，沁人心脾，还未入口，人已经陶醉了。这般滋味不仅值得细细品咂，更值得深入探究一番。

这位有心之人即是“贡润祥”的创始人张光

辉。起初他只是一时兴起，然而了解得越深，那萦绕在口鼻旁的茶香就越是浓厚。

自那时起，他日夜与古籍为伴，在详细了解了普洱茶膏的历史、工艺、特色、功效之后，毅然决然地放弃了手上如日中天的事业，转而投入大量资金，汇集国内知名研究机构，成立了当时乃至今时今日都是全国最强的普洱茶膏科研团队，全身心投入到普洱茶膏的复兴事业中。

经过长期的探寻、走访与细致研究，张光辉及其团队摒弃市面上常见的几种低成本制膏方法，坚持还原清代宫廷的制作工艺，即使成本高昂，也在所不惜，为的是能够完整保存普洱茶的芳香、色泽、口感及茶中含有的茶多酚、茶黄素等丰富的有益物质。

千百次的反复试验、72天的制作周期、186道清宫工序，科研团队使用常温仿生浸提技术成功还原了清代宫廷制茶膏的原料、气候、温度、环境等严苛的条件，并且以“分子团切割技术”“茶膏留香技术”等专利技术的现代科技力量成功提取了普洱原叶的精华，凝结成茶膏，开创了现代茶膏工艺的新篇章。由此，贡润祥横空出世，建立了普洱茶膏生产标准规范，成为国内顶级茶膏的代名词。

品味慢下来的生活，将品茶的愉悦还给身心，
这从来不是噱头，而是我们已经做到的事。

素手采叶，细致雕琢，方为制茶膏之道

近年来，普洱茶深受消费者喜爱与追捧，民间寻茶、藏茶、品茶之人络绎不绝。然而市面上的茶品纷繁复杂，难辨优劣与真伪，普洱茶膏也并不罕见，只是难以品得其中真味。张光辉明白，想要让茶膏得到认同，还是要从原料与工艺入手。

贡润祥普洱茶膏的原料来自普洱茶核心产区——云南西双版纳茶区和普洱景谷茶区的自有产权茶园。贡润祥拥有4万亩有机乔木茶园基地和3800亩古树茶园，它们常年有专人照料，从不施农药化肥，以保障原料的天然与纯净。每年春茶季，茶师们亲自上山采摘，尖尖嫩芽落入手中，有幸成为普洱茶膏的原料。好料制好膏，好膏再配以被认定为最佳介质的高山泉水，泡制的茶汤香气四溢，滋味醇厚甘甜，且含有丰富的有益成分。

制成茶膏所需要的工艺由贡润祥自主研发：已获得国家专利的常温

仿生浸提技术还原了清宫古法186道制作工序，采用小分子纳米筛技术和分子团切割技术，以剔除原茶中可能存在的有害物质、植物残渣，降低氟含量。即使是在产量不断增加的时期，整个制膏过程也依旧严格监控，从不懈怠，制成品还要接受美国FDA标准的抽样检测。100克原茶，仅能萃炼成5克茶膏，但即使在普洱茶日渐成为茶中新贵，原料价格节节攀升之时，贡润祥茶膏的制作标准也从未改变。

制茶膏易，制精品茶膏却极为不易。贡润祥制茶膏，从不以牺牲品质为代价来降低成本。这是他们信奉并坚守的制茶之道。也唯有如此，宫廷秘技才有被传承的价值，普洱茶膏才算是真正走下“御用”神坛，让更多人能领略到这股沁人心脾的悠悠茶香。

传承=继承+创新，
让现代人为之钟情的便捷与健康

“宫廷”背景为普洱茶膏蒙上了一层神秘的面纱，而对于贡润祥的创始人和研发团队来说，寻回制膏古法却并非为了得到这样一个噱头。

茶，对于现代人来说，早已不是附庸风雅、大富大贵之人才能享受的饮品。茶膏自然也不必再保留其高贵的身份。然而，古为今用，不能盲目地照抄照搬。以现代科技，模拟古代技法，既是继承，也是创新。两者相结合，便是对传承最好的诠释。

贡润祥普洱茶膏不仅是养生良品，其包装小巧精致、方便携带的特点，也深受现代人的喜爱。快节奏的生活迫使很多有心品茶的人不得已放弃烦琐的茶道，只能以茶包或速溶饮品代之，实在难以愉悦身心，失去了品茶的意义。贡润祥普洱茶膏让忙碌不堪的现代人也能在闲暇时享受到一杯好茶的惬意。无须使用昂贵而考究的茶具，也无须严格按照茶

道步骤操作。入口香醇、回味无穷的茶汤，完全来自于一袋晶体颗粒或一块膏体与沸水的融合，只需几个简单步骤，就能换得一份开怀。不论何时何地，人们都可以约上三五好友，品鉴一番，在乎的不是复杂的冲饮程序，而是实实在在的便捷与醇厚的茶香。

诚然，传统茶道独有其神韵与禅意，应当被传承，但当下快节奏的社会生活也同样需要另一种无束缚的茶道。在野外游玩时，在奔波路途中，或是在会间休息的几分钟里，泡一杯贡润祥普洱茶膏，就可以享受一份轻松自在。

有时候，只要能喝到上乘地道的好茶，中间的过程完全可以忽略，不予计较。悠闲时，讲讲茶道，修身养性。无闲时，又何尝不能单纯依靠简单的冲泡来抚慰疲惫的身心呢？

尊贵国礼，历久弥香的稀世尚品

以茶为礼，是自古以来的传统。几百年来，继乾隆皇帝以普洱茶膏为礼，馈赠英国王室之后，2012至2016年，贡润祥普洱茶膏再次获得国礼殊荣，连续五年成为“博鳌亚洲论坛唯一指定茶礼”，深受各国官员与政商领袖的青睐。自此，中式普洱茶膏享誉世界，不论是品鉴还是收藏，都是爱茶与懂茶之人的必选。

2016年10月，贡润祥普洱茶膏随神舟十一号飞船进入太空，宇航员景海鹏在太空舱创造的“首次太空中喝茶”的珍贵画面，具有历史意义，新奇有趣，又弥足珍贵。这是历史文明与现代科技的碰撞，亦是中式茶文化进入太空的契机。

昔年幽闭的清宫御茶房虽制得佳品，却仅守那方寸之地，不肯与世人同享，最终导致古法几近失传。而今贡润祥不只觅得良方，还将炼得的精品回馈大众，这何尝不是现代人的优雅与大气。

茶要历经洗炼，路要坚守方向。一块茶膏，品的是微风玉露滋润的芬芳，亦是流传百年的追寻与印记。

小碗良食

追寻众生中的1%，极致造物，用心守护

Become the top just to guard the health

-

六万多公里的距离，

是长城全长的三倍，

是赤道周长的一倍半，

而这，亦是小碗一年不停歇的行走距离。

从南向北，自西向东，

跨过江河，穿越峻岭山林，历经长途跋涉……

- 小碗良食

他们想做的，

只不过是去寻找那些没有被污染过的好食材，

只不过是为做一勺守护身心的膏方。

-

以自然滋味追寻身心的平和

从《山海经》中治疗疑难病症的珍禽异兽，到《食物本草》里能延年不饥的繁露水，即便是医疗条件简陋的古人，也一直对“身体的平和”有着孜孜不倦的追求。

然而，时代在更迭，世界瞬息万变。彻夜灯火通明的高楼里，是昼夜不分、时节不明的现代人。时代的喧闹声掩盖住了繁华下的隐患，人们谈资本，谈未来，却羞于谈及自己的身体状况。

如今城市社会里无处不弥漫着焦虑，它渐渐渗透到每个人的心灵和身体中，一点点消耗着有限的时月，把健康问题挤压到了生活的最角落。

直到某天发现身体不足以支撑梦想，害怕预想到的未来会无法亲历时，人们才猛然察觉身康体健才是自己赖以为生的资本。但亚健康的现代人，仍旧被现实所禁锢，不为所动。

初见小碗良食的膏方时，并没有想太多，而掀开盖子的那一刻，久违的食材本朴香气扑面而来，品一口，就好像身体里某个开关被打开了一样，印在脑海里的那些属于自然的、原本的味道，瞬间苏醒过来，心中便莫名涌起种种思绪。

一个纯属意外的决定

他，曾为做一瓶好膏方，坚持了7个月的反复尝试，只为得到更科学的食材配比，曾为找一种好食材，从中国的最南走到最北，在熹微的晨光里与果农踏入原始森林进行采摘；为了保证膏方真正的天然属性，他还倒掉过4000公斤被污染了的桑葚，亦怒斥过那些怂恿他加防腐剂、增稠剂和各类香精色素的人。

这样强大而又细腻的心力背后不是什么叱咤风云的人物，只是一个普普通通的父亲——他就是小碗的创始人张哲，粉丝们都亲切地称他为碗爸。

从前碗爸是一家外资公司在广州地区的总监，几年前，连续3天通宵加班的“例行公事”后，正在走路的他突然毫无征兆地摔倒了，随后肠胃绞痛，喉咙堵噎，情况十分危急。被送到医院后，连续三天打了40多个吊瓶，硬是躺在病床上一个星期才恢复了过来。

卧床期间，他常常盯着雪白的天花板，好像看到无数个画面在上面放映。他看到了从前，看到了当下，看到了很远很远的未来。他不禁想，人到这个世界上来是为了什么呢？良久的自我追问后，他决定在即将步入的不惑之年，学着慢下来，在下一个十年做些更有意义的事。

他说：

我想做那些纯天然的，真正能给人带来健康的食品，

现在人都太拼、太焦虑了，如果吃得再不好，

谁能撑得了那么久呢？

秋梨膏
小碗·秘制
匠人 | 匠心 | 古法纯手作
净含量:250g

碗爸便下定决心，要找到那些还没被污染过的、更具功能性的食材，由专业的营养医学专家进行配比，做出能真正为现代人健康添益的好产品。

不做市场中的大多数

做出决定的那一天，阳光、温度刚刚好，空气里有清风裹挟着晒过太阳的青草香，一个有决心的人在这广阔的天地间坚定又渺小。

碗爸清楚地知道这条路前方漫漫，在食品行业里挂羊头卖狗肉、良莠不齐已经成为一个现实，焦躁的世界让人无法停下来去留心观察这些是是非非。生产者习惯钻空子，消费者习惯被迫接受，反反复复中形成了一个恶性循环。

他说：

进入得越深，

就越发清楚知道食品这个行业水很深，

很多人做食品，特别是功能性的食品，

自己碰都不碰。

市面上许多功能性食品的功能都如同隔靴搔痒，真正能起到的作用连生产方自己都无从得知。碗爸不愿意去做这样不痛不痒的产品，更不愿意使用各种添加剂去勾兑，变成鱼龙混杂里的大多数。

“因为这样解决不了现代人健康消耗的问题，作用实在太小了。”碗爸如是说道。既然要做，就做到极致。他想担起这一份责任，想要肩负起这些疲于奔命的都市人的健康。为了这份承诺，就需要他从最根本的地方开始做起。

对于一个具有食疗作用和对健康有帮助的食品而言，最重要的就是：好食材+好的配方+精确的配比。于是从那一刻起，“一直在路上”成了旁人对碗爸的印象。一年三百六十五天，碗爸只走了两条路，要么是在各地找寻优质食材的路上，要么是去找对口领域的医生和学者讨论配方和配比的路上。好在碗爸的亲朋好友中有很多医学、药学工作者，这让他节省了不少时间。

近乎苛刻的认真

对于专业人士而言，常见健康问题的解决方案并不难，也许一张处方就可以满足大多数患者了，但在这件事上，碗爸的追求是百分百的精益求精。因为懂得食物的珍贵，所以才会有孜孜不倦的追求。

这世界从来就没有什么包治百病，对于不同需求的人，本身适合的食疗方案就不同。为了每一款膏方能够更有针对性地解决问题，碗爸一次又一次地寻访专业的医生学者。

在保证疗效的同时，他希望做出来的产品是一个好味道的食品，而非苦口的药品。“我不想吃药，我讨厌那种以健康为借口，被强迫‘吃苦’的感觉，我研制的膏方都必须在保证食疗有效的同时兼备口感。”碗爸说。

为了做到这样的效果，每一个膏方上的问题，他都会和医生、药学博士等专业学者反复讨论，直到能得出一个大家都认可的配方和配比。而后，产品效果和口感的测试则由碗爸和他的儿子负责。

碗爸第一个膏方，是山楂六物膏，它是针对脾胃不好、易积食的人群研发的。碗爸的儿子不爱吃饭，看着长得跟豆芽似的孩子，碗爸很是心疼，而且他发现有同样问题的孩子非常多。于是，他和专攻妇幼保健的博士朋友花了7个多月的时间不停地去讨论研制。

每一天，他都会和儿子一起尝试这些不同配比熬制出来的膏方。一段时日后，碗爸惊喜地发现原本弱不禁风的儿子，抵抗力显而易见地增强，体质也越来越好。

他说:

我想谢谢我的儿子,

他一点都没有排斥和拒绝过我,

每次都和我安静地品尝,

用稚嫩的声音告诉我是不是好喝,

而且还会和我探讨,

——孩子,谢谢你帮助了我!

好的食材，值得痴迷于其中

科学配比只是漫漫长路的第一步，好食材才能最终成就更好的膏方。想要真正具备功效性，无污染的食材就显得极为重要。

为了好的原料，他会对比同一种食材在不同地方的生长情况。在定好几个方向后，他会快速行动，立刻背上行囊去看当地的种植情况。对于那些野生果实的产地，他都会反复去看环境是否真的如别人描述的那般好。

仅仅2017年，他就从中国的最南往中国的最北、最东方向，利用各种交通工具穿行了6万多公里。其中一次为了找到花青素含量更高的野生蓝莓，他深入到北纬53°的大兴安岭原始森林，在布满沼泽的大草甸子里和果农们一起采了5个多小时的蓝莓，最后累得差点没走出来。

其实他本不用亲自做这些事情的，可他说，我要亲自感受这种自然的力量，我要知道食材在自然中到底是怎样的一种生态。

与碗爸一同参与研发的药学博士朋友都忍不住赞叹道："你真是个执行力超强的人！"

既然都许下了这份承诺，又怎么能允许自己有半点迟疑？

也许惊叹于碗爸执行力的博士还不知道，碗爸在膏方的生产熬制期间，也成了一些人眼里的“异类”。他要求的食材使用量、熬制工艺的温度和固形物指数都比常见的膏方严格4~10个指标，这就意味着食材的消耗、熬制的时间都大大增加了，“特别折腾”就成了工厂们给碗爸打得最多的一个标签。

他说：

我一直会坚守在研发和生产的第一线，

在品质、效果和安全方面都会尽我最大努力，

对于低标准的产品，我绝对不能接受。

追寻众生中的1%，极致造物，用心守护

从最开始的山楂六物膏，到最新出品的野生蔓越莓膏，创立已有三年多的小碗良食旗下不过寥寥数款产品。碗爸坦言，他不想快，而且也快不了。既然极致造物，就要沉得下心去一点点雕琢、打磨。时间是公正的，产品里沉淀了多少工夫，积攒了多少时月，就注定了它们能走多远。

他说：

如果不能把一种需求做到更好，或极致，我宁可不做，

因为我不想做“通货”，我想做那1%的好东西，

也只有这样，我才会对别人有价值，

自己也会更踏实。

念念不忘，必有回响。可能就是因为碗爸这种执着，他的每一款产

品都深受消费者的喜爱，有些粉丝还笑称小碗已经成了自家冰箱的标配，还有专属的位置。甚至还有些粉丝特地写了长篇的感谢信来感激碗爸不辞劳苦做出这样好的产品。每每看着这些留言，碗爸心里就洋溢着满满的幸福感。

对于有所坚持的人来说，这大概就是幸福的样子。

碗爸说他有太多话想告诉太多的人。他想跟粉丝们说，谢谢他们一直以来的支持；他想跟大自然说，谢谢它对人类的厚爱；他想跟亲朋好友说，谢谢他们的帮助和甘做“小白鼠”的精神……末了，他最想跟同行说一句，做这一行要对得起自己的良心，要对得起消费者的信任。

他知道自己不过是芸芸众生中的一员，只希望自己这份微薄之力可以让这个疲惫的社会有一些改变，希望这个城市中弥漫的“焦虑”味道，终有一天会被健康自然的风所驱散。

凌食呀

我以零食之名，予你悲欢之实

I offer you joys and sorrows in the name of snacks

-

时间无声地从指缝间流走，

带走了珍贵的人与事，

也留下了另一些同样珍贵的东西，

和所有这些人与事划过生命的痕迹。

一点点地收集那曾停留于舌尖的味道，

重塑那份味道流连于心里的交织。

- 凌食呀 凤梨酥

用双手重现曾经，渴望延续感激，

也渴望在茫茫人世中的你透过食物细味到人间悲欢，实属不易。

-

味道在舌头，也在心头

过往，未曾看见过一粒米、一棵葱的生长轨迹，便不懂得细细品味饭碗中那平凡。

而后，时代变得太快，加工品充斥于生活，那些眼花缭乱的包装，新鲜刺激的味道淹没了舌头生来的灵敏。过于复杂的味道麻木了我们原始的记忆，忘记了最初的时候，那些被身边人付予的时间与爱的味道。

然而有些人天生就对味道敏感，时间越是长，感觉越是强烈。冬天暖手的味道，唤醒少女心的味道，让人充满力量的味道……这些看似信

口开河的形容，却在入口的那一刹那得到了证实，就好像等待了很多年、以为已不存在的来信，某一天却突然出现在了门口。

凌子就是这么一个对味道敏感的人。她爱吃，儿时的她总喜欢跟在外婆身后，因为会吃到很多好吃的东西。

外婆的手似乎有魔法，左边能变出酸酸甜甜的芒果干，右边能变出丁零当啷的芋头片，把整个童年的回忆都添了颜色，加了味道。小小的凌子也继承了外婆的一双巧手，也会不甘落后做一些小零食，虽然味道总被弟弟嫌弃比不上外婆做的，但外婆却钟爱有加。

“外婆，长大了我要开家店，给你做好多好吃的，天天陪着你。”

外婆看着凌子闪着光的眼睛只是笑，不说其他。

年幼时总以为时间很长，永远没有尽头，外婆的芒果干也总会在季节到的时候出现。凌子一年年长大，在外求学，按部就班，和所有的同龄人一样，在车水马龙的不夜之城里拼搏。

身边人都以为，凌子早已把当年嘴馋时许下的诺言遗忘。就在某年的夏天倏忽而至之时，凌子带着行李箱回到了那方熟悉的土地上，吹来的风是熟悉的温度，远方是未曾改变过的青山蓝天。

为了履行诺言，凌子如期而归，但外婆却早已不在人世。凌子每天做很多好吃的，照片里的外婆依然笑容慈祥。有时候一恍惚，凌子就会以为回到了小时候。

- 凌食呀 牛乳茶

想吃什么? 凌食呀

凌子开了一家食品店, 做零食, 卖零食。店名一开始叫"番薯家吃货店", 而后更名为"凌食呀", 随性如凌子。

店名虽是随性, 然而凌子其实是十足的强迫症。凌食呀的产品虽不多, 芒果干、番薯干、奶茶、肉干, 虽然不同的时期有不同的产品, 但好像一只手都能数得过来。然而每一样都耗费了凌子大量的心血, 会经常因为调试不出自己理想的味道而懊恼几天, 也经常为了好原料等上一两个月。然而也正是因为凌子在这一厘一毫上的死磕, 手工芒果干上线后不久就收获大量好评, 循着私家奶茶而来的粉丝更是数不胜数。

外表或许可以掩人耳目, 但是味道却是要经过人心的。

独家的外婆芒果干, 原料就难寻, 制作工艺更是繁杂, 换水、腌制、烘干和翻面, 每天都得重复十几遍, 耗时两周多才能出成品。那金黄饱满的芒果干, 原材料都是凌子亲自从各地芒果园甄选而来的果子, 金黄的芒果片撒上糖霜, 浓郁的芒果香在唇齿间流连。每一片芒果都来自遥远的一方水土, 凝聚一方汗水。经由匠人之手, 才成为最后我们看见的样子。而那些经历时间成熟起来的果实, 似乎只有到达每一个品尝者的口中时, 才完成了它一生的宿命。

自己配比的手工奶茶, 顺滑的牛奶自然流淌入茶中相融, 茶的清香于入口瞬间在舌间绽放。

凌食呀卖的小零食走遍街巷随处可见, 但最简单的食物, 由不同的手做出来却有截然不同的味道。

如何咸淡适中，如何让味道渗透味蕾，多一味食材、少一道工序都会差距甚远。凌食呀只想做好一件事：坚持以双手给人以味觉的享受。

凌食呀只专注那份舌间的停留，并深信这份味觉能触动神经、流进心里。

凌子渴望留住的，不只是一种情怀，而是为了证明在过去，在都市人还未曾被各种食物添加剂所荼毒的年代里，那份舌尖上的美好踏踏实实地存在过，并将通过双手延续，传递到每个品尝者的心里、胃里。

- 凌食呀 手工奶茶

即使弱小也难以打败

凌子历经了本科、研究生生涯，直到现在的社会人身份。凌食呀成立至今已有4个年头，它从一开始就不是钢筋水泥的摩天大厦，遇到十级大风还是脆弱得无力。凌食呀创立的第二年，一个供应商骗走了凌子的十几万货款。当时的凌子已没有任何积蓄去支撑起家庭，身体抱恙的母亲甚至执意重操旧业。而凌子作为家里的顶梁柱和小店的创始人已心力交瘁，但她仍旧死撑着往前走，哪怕是坐下来哭一会儿的时间都不敢余出来。从负债到结清债务，最恶劣时也试过靠仅仅300元撑过一个月，凌子不敢跟家人说，也不忍心说。负债已经是不可改变的现实，而痛苦至少可以少一些人承担。

面对命运的转身，巨大的经济压力袭来，凌子也只能孤身对抗世界。从前不知抑郁症为何物的她，此时却看着它悄然无声地爬上床头，伴随着一阵又一阵的噩梦与心悸。那段时日于凌子而言是身边人无法感受的灰暗，而她，一个刚过了第二个本命年的人，如同扛着房子的蜗牛般一步一个血印地爬过了命运的刀锋。不曾被岁月温柔相待的人却更懂得以温柔对待岁月，曾螳臂当车对抗着命运，现在才更了解一针一线得来

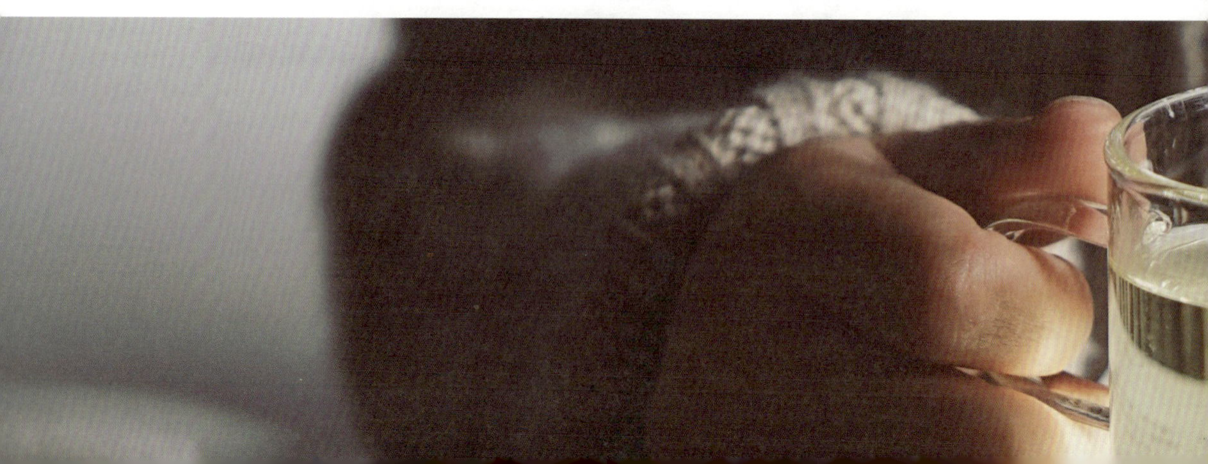

不易。扛过风暴的凌子更像玻璃杯中的水，折射着世间万象，却不让浊流流进心里，安静而透明。

凌食呀走到如今，所幸与一群志同道合的小伙伴相识、相知，共同度过。旺季时工作量的倍增消耗着伙伴们的心力，通宵加班是家常便饭，然而伙伴们却不曾有过抱怨。送货的卡车经常是半夜才到，凌子他们一收到司机的信息，就风风火火地骑上自行车去接货。半夜的街道上，路灯总是特别明亮，人在地上的影子没有停留，却十分清晰。

凌子总说凌食呀的幸运是老天的眷顾。然而，没有哪一种幸运无缘无故，心灵发出光的时候，身边人便会往光明靠近。凌食呀的粉丝在数量上相对于很多大品牌来说微乎其微，但粉丝们却如同朋友一般不离不弃，不少人还加入了凌食呀的团队，或是成了凌子的好朋友。小安与媛媛就与凌子经历了这样的过程——从顾客与店家到成为无话不聊的好朋友，而凌子甚至还成为小安的伴娘。节日里的问候和来自同城的礼物，总是让凌子感动到深觉无以回报……

路有时候很长，长得会让人以为再也走不到天亮的那一刻；有时候又很短，短得让人以为这二三十年只是做了个梦。

大梦谁先觉，平生我自知。

热爱是说不清也道不明的力量

北岛说，从卖气球的人那里，每个孩子牵走一个心愿。说不清是喜欢气球，还是心愿。只觉得，简单、快乐，且仍有期盼。

面对众多来自东南西北的胃，也总有无法讨好的那一位。凌子说，一切顺其自然吧，我们能做的只有把最简单的食物做到最好，而后续的毁与誉，就交给时间。

如果让你用一句话来给凌食呀定义，你会怎么定义呢？

简单的事情重复做，重复的事情用心做。一个人就一双手，再怎么抓也只有那么多，而往往我们想要的太多，方觉把握住的太少。

凌子只渴望将手中的事做到最好，把细微做到极致，不敢言自己是匠人，只求能把自己的一片赤诚倾注于其中。

这世界，糟糕的事情有很多，但如果此时，你手里有一块饱含热忱和执着的零食，不妨将悲欢与这一块零食一起品尝。

而往往我们想要的太多，

方觉把握住的太少。

谷粒生掌

我们希望的时代，开场了

It's the beginning of our period

-

若我们要向一片土地发誓,

那样的誓言, 出发的起点, 一定都是因为, 爱。

“上邪! 我欲与君相知, 长命无绝衰。

山无陵, 江水为竭, 冬雷震震, 夏雨雪,

天地合, 乃敢与君绝!”

民国一百年, 我们重新写下品牌故事,

很久很久很久以后,

- 引自掌生谷粒官网

当我们回头望时, 一定要记得我们最初的话——

掌生谷粒是一句呼唤、一句祝福,

是我们对大地和生活者的承诺。

-

掌生谷粒，“饭先生”

小的时候总期盼着老家有人送礼物来。

或是花生，或是红薯，或是香瓜……花生总是饱满厚实，红薯总是香甜粉糯，香瓜总是味甘如蜜。有时候，这些礼物还带着养育它们的泥土一起来造访，让人由衷感受到了土地的深情。一般陪着这些受欢迎的果实一起来的，还有自家地里产的大米。但当时年幼的我，对那素洁的大米并没有太多念想儿，只知道这大米做的饭，会让人想多添一碗。

而后离家去求学，长年累月吃的都是食堂的硬米饭，渐渐地对米饭没有了感觉，甚至与同学一起将其戏称为“饲料”。毕业以后进入社会，免不了要经常出席饭局，但这饭局往往都与饭无关，觥筹交错之间，面前的米饭往往变凉了还是原来的样子。

大米，白饭，亲切又乡土，平凡又朴素，与我们的生活息息相关，却又似乎无甚关联，可有可无。尝过了菜肴的鲜美，经历了俗世的热闹，便更不稀罕这大米白饭的清香。岁月飞逝，慢慢明白，这鲜美经不起回味，这热闹从不长久。目睹人生的悲欢，命运的无常，才爱上这一味朴素。才懂得了老人们的教导，守拙抱朴，方是涉世之道。

浮云有意藏山顶，流水无声入稻田

大米，白饭，清清淡淡，在人生中却必不可少。关于它的故事很长，可能这一辈子都讲不完。

大米味甘性平，补中益气，乃五谷之首。长江中下游的华夏先民以稻米为主要食粮，腹中有了香糯的米，有了温饱与暖意，便有了对自然和天地的敬畏，便有了诗书，有了礼仪。

稻田一望无际，在阳光下发芽、开花、结实，农人们和硕果累累的稻穗一起，常年面朝黄土背朝天，习惯了守望四季。土地滋养着稻米，稻米滋养着黄种人，如此走过漫漫千年路。

高山林立的海岛绿野葱茏，因常年多雨，空气温暖而湿润。而在其东部，海岸山脉和中央山脉的山域中，却另有一派岁月静好，风和日丽。山城，栖息在这里。

百年以前，这是客家人与原住民寸土必争之地。百年之后，两个族群相约相守，将根源血脉牢牢驻扎于名为德高的古老村落。而德高历经了岁月的风霜，避过了无数风雨和灾难的侵袭，于稻香中安然伫立。村人们相约种田，勤勤恳恳，侍弄农田，修筑家园，共同守护着故乡，就像百年前，祖先们也曾勤劳地修建过水坝，守望过岁月。阡陌田间，有牛慢悠悠走过，稻谷安静地生长，正是农忙时节。

宝岛的花东纵谷区，横跨花莲、台东两县，风景秀丽无匹。苍穹蔚蓝，山海交错，金针花漫山遍野。这片土地让范先生着迷，而花东纵谷区德高村落那些有口皆碑的优质良米，更让他爱得深沉。范先生世代务农，经验丰富。趁着农闲，他招揽当地农夫，一起动手盖碾米厂，将满满的诚意与耐心倾注入那耀眼璀璨的米所形成的长河中，只为做出种田人心目中更好的米。这儿的田地，大家一起开垦，一起守护，一起沐浴在田间地头的阳光与风里，一起亲历光阴。

范先生迷恋每一种米的香味，他集合优质良米，按一定的比例调配出他觉得最美好的口感，便有了“饭先生”这一款米。掌生谷粒说：“吃过这款米，才会了解台湾的稻米，100年来悄悄地包裹着族群融合的甜蜜、和谐与美好。”

稻田里流淌过悠悠的岁月，滋养着世世代代的种田人。人生总是迥异多变，连米的“脾气”也各不相同。“高雄139”的甘甜与Q弹，“台粳2号”的柔软与清芬，“台粳9号”的饱满与圆润，不同的米，不同的“脾气”，却给人以相同的感动、相同的幸福。最终成就了一碗碗让人铭刻在心的白饭，晶莹剔透，香味绵长，米粒晶莹。只需两勺好米，便能煮出一锅喷香。盛一小碗米饭，坐在窗下细嚼慢咽，口齿间回荡着淡淡的花果香，那是“台农79号”独特的滋味。每年夏季收割后，才有这股子难得的甜香。他们是神农的后裔，只做自信的米。

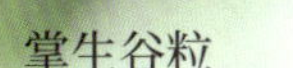

每一种米

都贡献了自己的优点，满足了口感，

让我们吃到一碗碗满足的幸福。

开荒南野际，守拙归园田

农作，是大地的一场偶然。掌生谷粒如是说。

创办了掌生谷粒的程昀仪，希望透过平凡、平实、平常的白米，去传达想呈现的真正价值，那便是台湾人的生活风格。

这包括了历史的文化风霜、地理的风土条件、人文的感官飞扬，以及最重要的是——台湾人对待土地的友善态度。

1999年冬，某一个平凡的日子里，程昀仪突然对大米、对白饭有了不一样的念想。绵延开去，便是饮食，农作，还有人生，天地突然开阔，生命峰回路转。大米，太熟悉太乡土，在此之前，它从未引起过程昀仪的注意，直到那一天，台东婆婆给她和丈夫寄来了新米。

淘洗、上锅、焖煮，白米饭成为主食，这过程不知道被天下的主妇们重复了多少次。程昀仪像往常一样，就着米饭，开始了饭桌上的家常闲谈。

入口的那一瞬间，却觉得不一样：黏糯，清香，令人惊艳的口感。程昀仪低头瞧碗里的米，粒粒晶莹饱满。她十分讶异，她从未吃过如此美味的米饭。那是田间地头，雨水阳光的味道，与货架上包装袋里装着的那种叫作米的商品，是不一样的东西。

程昀仪生在台北，长在台北，却天生对土地，对乡间的野草、花香怀有炙热的向往，她将这种情绪称之为乡愁。而婆婆寄来的新米激起了她对大米的热情，和对土地的乡愁。

这米一直吃了五六年。到了2006年，某一天，程昀仪走上街头，夹杂在游行的民众中间，好奇而茫然。那是红衫军的队伍，聚集在一起，是为了抗议政府的贪腐行为。

日光浓烈，人堆里弥漫着浓烈的异味，程昀仪瞧着周遭的熙熙攘攘，心境突然回到了1949年，父亲的年代。那时候，父亲那一代人乘船漂洋过海，从大陆奔赴台湾，那年月颠沛不定，多少人一别就是一生。

彼时的程昀仪，站在阳光下、站在群情激昂的人群里，心里突然涌起了奇怪的想法。生离死别的乱世，反而教会人们珍惜，将命运无常记在了骨子里，而从未饿过、恐惧过、匮乏过的今日，却总是一路行走，一路浪掷光阴。

我们从未想过，如今拥有的美好的一切，最终会如流沙消逝于五指间。她原本就对土地，对农作，对农人怀有深情，而这些想法沸腾在脑海中，反复催促着她去做一件事。

不久之后，她创办了掌生谷粒，将那些炙热焦灼的想法变成了现实。在程昀仪看来，掌生谷粒因一个善意而生，又带着农人们善的力量徒步前行。它不做惊天动地的事情，只陶醉于谷子的甜度，和36°C的焚风。“农作以风味记载了自然界不经意的魄力”，每一季的开垦、耕种、收获，都让土地变得愈发深沉。

一开始，大家都说掌生谷粒做的是农产品。后来，大家说，掌生谷粒是个文创品牌，贩卖的是台湾人的生活方式。

程昀仪说，都对。这座海岛如此特殊，蕴藏着异常丰富的物种资源，无数的生命历经地壳变动，越过沧海桑田，最终将根深深扎入这座岛屿，生存，繁衍，世代守望四季。

这种源源不断的生命力是台湾特殊的地方，它让程昀仪感到幸福与骄傲。在这片土地上，农人们埋头耕作，努力生活，永远对故乡怀有执念与深情。

因着这些复杂的情感，掌生谷粒在岁月里逐渐“丰满厚重”，它是对大地与生活者的承诺，是呼唤，是祝福。2016年，北海道，程昀仪停伫于一幅画下，久久不言。画上有一棵一千年的墨樱，还有一棵五百年的龙樱，那意象极美。樱花走过无尽的光阴，每年的三四月，花开绚烂，末了，从枝头飘零，那是无数场聚散离合。岁月荏苒，世事沧桑，樱花周而复始地重复着烂漫、浓烈的美，一如当初。程昀仪想，掌生谷粒，也该将生命给的那些单纯美好的事，反复做下去，留住那最初的真，最初的简单，最初的纯粹。

我们希望的时代，开场了

山城里的村落栖息在山脉与山脉之间，已经走过了千年。农人们俯身于田间地头，与风雨为伴，与天地应和，无比珍惜地捡拾起米谷蔬果里的稀有价值。农作，起先，是为了饱腹，为了说一场浩大的关于生存的故事。后来，是为了记住，记住那始终流连于舌尖的美味，记住生命里那些最初的美与纯粹，记住那一场场命运无常与人生悲欢。

关心饮食的人，能从一碗白饭中尝出山谷吹起的凉风，能从那滋味里尝出绵绵的细雨。我们希望的时代，便在那细雨里，在那凉风里，在那季节里盛大开场。

汤家晓食

汤里的春夏秋冬，都是温暖的故事

Story of the soup

-

厨房有烟，身旁有人，心里有爱，

这是生活最平凡而美好的模样。

我是Soup，是掌柜先生王子乐的太太，

我们一起经营一家有温度的铺子，叫汤家晓食。

用暖暖的汤食喂养饥饿的肚子和干涸的灵魂，

让它们丰富饱满，熠熠生辉，这是我们寻求的意义。

- 汤家晓食掌柜与掌柜夫人 王子乐与Soup

每一次相聚，都有美好的期待。

喝一口温暖的汤，再出发吧！

-

“冬天很冷，粥却很香暖。”

香港作家庄雅婷也是汤家的食客，在与这条淘宝评论不期而遇后，她截图转发至微博，一时之间，温暖仿佛大海的波涛蔓延而来。不少食客被这样的故事打动，纷纷前来买粥。

冰天雪地里，一碗汤家的粥温暖了多少人心。

可这一碗粥，并不是食客购买的，而是掌柜夫人送的。“有些东西，和粥不一样，熬不出什么东西。”有天，她无意间发现了这条意味深刻的评价。这个评价的人是个在黑龙江上大学的男生，隔一段时间就会买上一罐瑶柱菜干粥料，寄给广东一所大学的女生，每次都嘱咐要写个卡片，卡片上的话不多，但句句暖人。

虽然当时天很晚了，掌柜夫人还是点开男孩的旺旺，碰巧男孩也未眠，于是便有了交谈。原来是异地恋，结局可能不那么美好，都是青春满满的遗憾。男生的经济水平有限，买粥的钱都是省出来的，自己却从来未曾喝过汤家的粥，“光是看评价，就觉得不错。”

柔软的心底被触动了，掌柜夫人私下给男孩寄去了两罐粥，这才有了这样简单而美好的故事。

- 汤家晓食 姬松茸淮山玉竹汤

喝的是暖意洋洋，养的是身康体健

居可无竹，食可无肉，断不可无汤。对广东人而言，喝汤是必不可少的，史书记载：“岭南之地，暑湿所居。粤人笃信汤有清热去火之效，故饮食中不可无汤。”汤在广东人心中举足轻重，而汤的最高境界，是“住家汤”。

住家汤，就是广东人常说的“老火汤”。各种食材和中药经过慢火炖煮，将食物精华浓缩于其中，既是一碗好汤，也象征着一个家庭中主妇无法被撼动的专属权利。

飘散在空中若有若无的香味，或是浓郁撩拨人心的香气，是一种家庭文化，也是一种归宿感。伊莎贝尔·阿连德在《感官回忆录》里这样描述过：“广府女人无疑都是天才。她们的一煲靓汤，本身就像一个行为艺术品，为之折腰者无数。”

“回家喝汤。”

这是妈妈的口头禅，也是儿女心中永恒的挂念。

一锅老火汤，“煲二炖三”是它的要求，动辄就需要两三个小时。烹煮老火汤，就像广东人的独门秘技，每个人都有不同的“武功诠释”，喝的却都是暖人心扉的浓情蜜意。

汤家若用季节来形容，那便是温和而安恬的秋天，食材都很温和，每一款都像江南女子般温婉，无声润物，照顾到每一个小家庭方方面面的日常调理。

汤有千千万万种，唯有家里的汤最好。一碗老火汤，便是最深情的汤，是厨房的热度，更是家的温度。

老火汤颜值并不出众，它貌不惊人，但丰富浓厚的口感彻底让人惊艳。它甘平温润，入口醇和，既有温厚的年代感，又让味蕾流连忘返。那润物细无声的美好，令人不觉胃口大开，暖暖的热流直抵心脏，涌起一种叫幸福的感觉，想起忙碌生活里，母亲每每在电话那头叮嘱，“好好吃饭”。雾气在眼前渐渐弥漫，满心都是“小确幸”的喜乐。

在广东，这样的店并不少，可依旧会觉得汤家小店特别，初见汤家的时候，会脱口而出，“好特别”，不自觉停下来进去看看，想象食物是否和门面一样那么香暖。精心挑选，烹煮料理，细细品尝后，仍然会给出一样的评价，但特别在哪里呢？

- 汤家晓食 佛跳墙

慢下来，和爱的人做一件有意义的事

汤家的前身是一个叫晓食的汤料店。

晓食便是粤语“晓得食”，在普通话里面是指“懂得怎么吃”的意思。晓得每一个季节的食物，晓得每一个食物的妙处，晓得吃什么才好，怎样吃才好。

晓食最早的主人，是掌柜王子乐九十多岁的爷爷和已过世的奶奶，奶奶出身中医世家，通晓食材配伍调理之道，而爷爷也在耳濡目染中，自成一套中药养生调理的见解，如今九十五岁高龄依旧精神矍铄，身体硬朗。

掌柜和掌柜夫人，两人在毕业之时并没有接手店铺，而是选择了进入企业工作。

掌柜夫人Soup做的是快节奏且高压力的房地产策划。有段时间公司项目特别多，整日整夜疲于奔命让她的身体开始发出了各种抗议的信号，她便过上了每天家、公司、医院的生活。久而久之，人被折磨得五劳七伤。

不得已，掌柜夫人只得放下忙碌的工作，选择暂时停下来，这一停，不经意就发现了慢生活的美好。

居家养病的三个月，老火汤进入了她的生活。它慢火温吞，不只需要时间，需要心情，还需要爱。婆婆每天早早便去市场，就为了能寻得最新鲜的食材，搭配家里各种药材干货，守着炉火，慢慢熬煮，家里的厨房总冒着淡淡的雾气，温暖的香气唤醒身体里的饥饿，大快朵颐之后，浑身

舒畅。每天闻见家里妥帖的老火汤香味，心旷神怡，每天各种药材巧妙配伍调理，身体也跟着日渐安康。

美好的味道是记忆最深刻的线索。分享美好事物的本身便是一件非常美好和有意义的事情。

天天跑医院都没养好的身体在老火汤的调理和适当的休养下逐渐恢复了，掌柜夫人面色也日渐红润。她是一个潮汕的女孩子，在嫁给掌柜之前，并没有很深入地接触广府老火汤这种饮食。潮汕地处广东东部，当地人擅长采草、采花、采叶、入药、入茶，也会时不时熬汤煮汤，

但却没有上升到把药材、食材充分融合到每日膳食里面的这个“可怕”级别。Soup说，这对于她来说是一种很强大的饮食文化冲击。为什么会觉得很强大，她说：“一来，我是个不折不扣的吃货，老火汤丰富浓厚的口感彻底惊艳了我，一天四碗汤暖暖下肚我实在是太喜欢了。二来，老火汤的调理功效，使我真的切身体会到它那种不温不燥，润物细无声，却很稳定很牢固的调理效果。”

在体会到老火汤对身体的调理功效之后，soup心里便有了一个念头：让更多被生活压垮的年轻人感受老火汤的魅力。

然而地处广府之外的很多家庭，却不懂这种最简单的膳食调理方法，不懂搭配，也不懂煲制。

Soup便和先生商量，决心传承汤家老火汤，把这样好的料理，这样好的饮食文化传播分享出去，让更多的人可以感受来自一碗汤的温度和情怀，来熬一锅“家里的汤”。

所以，汤家晓食诞生了。地道是汤家晓食最基本的灵魂，专注于汤，专注于家庭，专注于爱。

暖心暖肺，温暖的食物赋予人心以温度

对于汤家来说，客户与朋友并没有明确的界限。客户信任汤家，慢慢会把购买变成一种习惯，交谈生活，抒发压力，分享经验，就与汤家成了多年的老友。

细心的人会发现汤家店铺的评价都很好，客人有时候评论会像拉家常一样："我又来啦！""我这个月已买了很多次了"，诸如此类。每个买汤的客人都有自己的小故事，不期而遇就能发现一些美好的片段。

"掌柜，能麻烦帮我打印一些字体大一点的料理说明吗？能帮我备注得详细齐全一点吗？我常年在外，希望这些汤料能够照料到我爸妈的

- 汤家晓食 桑杏雪梨茶

身体健康。”

那种情感多单纯——即便不能回到家，但有一碗汤能够帮我说：“爸妈我爱你们。”

就像汤家的信念：遵循自己内心深沉的想法，只要愿意，就可以熬出一锅很香的粥，很暖的汤，生命很漫长，但每一个时刻都很珍贵，做一个能够带给自己幸福感，也能带给家人、朋友，甚至素未谋面的陌生人幸福感的人，这本身就是一件很幸福的事情。

有很多客户希望汤家能够在继续经营老火汤的同时，可以提供更多选择，如比较简单的日常料理、养生茶等。汤家也会参考建议适当增加，既是满足客户的需求，也是对初心的坚持。

汤家掌柜和夫人在一起十多年了，两个人感情也如老火汤一样，令人艳羡。对此，掌柜夫人说道，经营婚姻就跟熬汤一样，是一件有仪式感的事情，是一件需要精心准备的事情，又是一件需要漫长岁月润透的事情。

守着一团火，一锅汤，慢慢熬，会有很美好的味道。

汤还是家里的好，一碗住家汤，便是最深情的汤，是厨房的热度，更是家的温度。汤家希望做更多年轻家庭喜欢的正宗广东老火汤，愿每个人有回家的期待，有为你煲汤的那个人。

一锅有爱的汤，愿你也喝出幸福。

做一个能够带给自己幸福感，
也能带给家人、朋友，
甚至素未谋面的陌生人幸福感的人，
这本身就是一件很幸福的事情。
汤家晓食淘宝店

粤食良味

四方美食，不及家乡的一煲烟火味

There is no feast better than home cooking

-

里边的灶头上码着一排小煲，冒着热气，

老板熟练地掀起盖子，用筷子戳一戳里边的米饭，

盖上，转头不耐烦地回应着后边的催促声。

门口也许有店名招牌，可能叫“芳姐美食”，

也可能招牌上的字已经

被岁月的油烟盖住，看不清字迹。

- 煲仔饭永远是岭南人记忆中的美味

风吹过来，

空气里都是腊味、滑鸡、排骨的香味。

-

在大雪纷飞里怀念煲仔饭的味道

小时读到有关雪的古诗词，都特别感慨，对“忽如一夜春风来，千树万树梨花开”的美景艳羡不已。而岭南的冬天来得晚，又来得急，落了一夜的雨，第二天就得哆哆嗦嗦地起来，翻衣柜找厚外套、手套、帽子、围巾，把自己包裹得严严实实才敢出门去。外边无雪无霜，若是不看街上行人的穿着，实在很难分辨出是冬是夏。

到了可以出远门读书的年纪，想也不想就报了个北方的大学，义无反顾地去了。读书、工作、生活，这一去就是好些年。白雪皑皑见过了，漫天黄沙见过了，四方美食也尝了遍，却未成想，在风起天凉的时节，最期望看到的只是一个老式快餐店，门前贴着“各式快餐、煲仔饭，先付后食”的纸条，里边的灶头上码着一排小煲，冒着热气，老板熟练地掀起盖子，用筷子戳一戳里边的米饭，盖上，转头不耐烦地回应着后边的催促声。门口也许有店名招牌，可能叫“芳姐美食”，也可能招牌上的字已经被岁月的油烟盖住，看不清字迹。风吹过来，空气里都是腊味、滑鸡、排骨的香味。

秋风席卷而起，腊味香气浮动

岭南人的记忆里总少不了腊肠。

在以前，人都特别聪明，知道怎么利用自然来保存食物、制作美味。北半球从中秋后就开始由北至南转凉，到了年底阳光最好的那几天，人们就开始杀猪，将肥瘦比例恰恰好的鲜猪肉和准备好的配料一起腌制，灌入肠衣，打好结，小心翼翼地将一串串腊肠放在阳光最好的地方。

年底的阳光不刺眼也不炙热，温婉地洒在每一根腊肠上，北风慢悠悠地吹着，把阳光、时间和人们的期许一起糅进了腊肠里，变成了浓郁的年味。

老广人喜欢说一句“秋风起，食腊味”，广府的四季风物虽说没有北方那般分明，但生长在这片土地上的人们，舌头却是灵敏得很。腊肠里肉的肥瘦配比、肠衣厚薄、咸甜先后、酒味浓淡等都是老广人“斤斤计较”的地方，多一分、少一分都不对。舌头记得那个最好的味道，所以也有了“返寻味”的说法。腊味虽好，却很难单独出席，总得拉上些配角才能让人更懂个中美味，所以在广式的宴席中，腊味就常常以煲仔饭的形式成为主打菜肴之一。

对于大多岭南人来说，煲仔饭足以顶上一桌满汉全席，因着这里边有蔬菜、鸡蛋、腊味、米饭，有时还会加海味、菌菇，这一锅端出来，山珍海味、鲜蔬米蛋、油盐酱糖全齐了，哪还需要红布长桌呢。

这样想来，何不把这些配角都在制腊肠的时候加进去呢？鲜蔬定然是加不得，加鸡蛋也已经是市面常见，不如来点同样是干货的冬菇和瑶柱？中国地大物博，吃货从来不缺，爱琢磨的吃货也不在少数，一对来自广东增城的夫妻就是其中之一。

从IT到食品，由南至北，由北至南

罗柱坚是在北京上的大学，学的是计算机应用专业，毕业之后也一直潜心于IT行业，在家乡人看来，他就是一个实打实的IT精英。罗柱坚在北京工作了一段时间之后又到了杭州，加入了彼时兴起的电子商务大军。而后，有个朋友准备回东北，创业做东北食材，勤奋、靠谱儿又专业的罗柱坚当然是朋友眼里最合适不过的创业伙伴之一了。当时的罗柱坚刚回老家，结婚不过一年，接到朋友的盛情邀请后，他和妻子陈顺葵一商量便应允了下来。比起已经闯南走北的罗柱坚，妻子阿葵当时还没出过省，东北对她来说似乎就是一个很远的地方而已，所以即使母亲百般不愿意，也阻止不了好奇心满满的阿葵。2013年，两人带着简单的行李，就去了吉林。

刚到东北时，馋嘴的阿葵就像打开新世界的大门，榛蘑、板栗、酸菜都好吃得不行，东北人的热情也让阿葵宾至如归。就这样，夫妻俩在东北待了两年多，儿子也在这期间出生了。

然而时间在往前走，舌尖的记忆却在不时回返。尤其是到了端午、中秋等时节，夫妻两人就特别怀念家乡的美食，咸肉粽、双黄莲蓉月饼、荔枝、迟菜心、腊肉、烧鹅……这思念就好像一群地鼠，按下这边，那一边又上了心头。

有一回，阿葵在睡梦里哭醒了，柱坚吓了一跳，连忙问她怎么了，只听她咿咿呜呜地说："我梦到我去排队买炒河粉，队伍好长好长，我就一直排在队伍后面往前走，走啊走，到我的时候，老板大手一挥'粉没有了，你下次来吧！'"一番话弄得罗柱坚哭笑不得。还有一回，罗柱坚因为办事回了广东，回来的时候带了很多东西，迟菜心、荔枝干、烧鹅……让阿葵开心得不得了，那一瞬间，她想家了，比任何时候都要想家。

因为思乡，也因为年幼的儿子需要人照顾，两人最终决定返回广东的老家。在2015年的冬至，东北的朋友和罗柱坚夫妇俩一起过冬至，顺

便给他们饯行。吃着应时的白菜猪肉饺，朋友边抹嘴边跟阿葵说：“上车饺子下车面！你回去的时候记得让家里人给你做面吃！”说完两人抿嘴一笑，多少说不出的不舍，也和饺子一起滑下了肚。

食物，是人最深的乡愁

做了几年的食品行业，再加上在东北时对家乡美味的日思夜想，夫妻俩也没多考虑便决定了要做广东食材，“粤食良味”的名字便应运而生。乌榄角、荔枝红茶、绿豆饼、腐竹、豆瓣酱、手工腊肠……这些都是粤食良味家的第一代产品，是夫妻二人四处搜罗当地有名的街坊美食而找到的。

一听说哪里有好吃的，夫妻二人就会找时间去造访，有不少美食都需要到山上去才能吃得到，但这也没有打消过他们寻味的念头，陈皮、金橘、乌榄、青梅……如果好吃的在山的那一边，他们就到山那边去。在路途中，他们见过挂着一树鸡蛋般果实的柿子树，吃过酸到哭的柠檬，还有农户自家做的纯天然地瓜干，在各式各样带着浓厚地方色彩的美食中，味蕾得到了前所未有的满足，他们对这片生于斯长于斯的土地也有了越来越多的感悟。

原本两人做的只是家乡食材，既作为谋生手段，也作为爱好，但随着粤食良味的粉丝越来越多，它便有了更深层的含义。

“搬到新疆以后，经常想念家乡美食，好多都不方便吃，就腊肠是

最好解馋的，每次都要买好多，想家了就吃。”一个从深圳搬到新疆的粉丝跟阿葵这样说道。

“在非洲没什么好吃的东西，从国内带去的腊肠都很宝贝，不舍得吃。”这是一个在非洲经商，还会自己抓当地的土鸡做白切鸡的客户。

“女儿从没见过杨桃和番石榴，一下就爱上了，说特别好吃。”这是一个从广东嫁到陕西去的粉丝。

食物，是人最深的乡愁。

这是罗柱坚很喜欢的一句话，从前喜欢是因为身在异乡的体会，现在喜欢是因为自家产品竟然在不知不觉中慰藉了许多漂流在外的胃和心。一想到这些朴实无华的食物，到了另一个人的手里，就变成了家乡的圆月，这让罗柱坚夫妇愈加感觉到了自己手上这份事业的重量——它就像乡愁，家乡在这头，离家的人们在那头。

四方美食，终究
不抵一煲家乡烟火

梁实秋曾在散文《忆青岛》里揶揄很多人思乡的言行："今之人多喜怀乡，动辄曰吾乡之梨如何，吾乡之桃如何，其夸张心理可以理解。"

美食家在说一样东西好吃的时候，总是习惯从色香味几个方面去评判，要不然容易落人话柄，让人觉得有失水准。但我们只是生活里再平常不过的普通人，会在每个佳节里思念远方的至亲，会因为一个长梦后醒来发现不在故乡而失落，会在偶尔听到家乡话时热泪盈眶。

在食物的话题上，南方人北方人素来不惜为此"大动干戈"，讨伐的看似味蕾，实则是对家乡的捍卫。以腊肠为例，四川腊肠偏辣，广式腊肠偏甜，但这都不影响它们成为当地人心中最美的滋味。故有人写道："腊味，把漫长的光阴岁月中人对故乡、亲情、念旧、勤俭、坚忍等等情感和信念都混合在了一起，一口吃下去，几乎难以分清哪一块是滋味，哪一种是情怀。"

异乡的冬天景色很美，但怎么也美不过家里外头挂着的那一串串腊肠。那弥漫在冷空气中的烟火气，那一掀锅盖就往鼻子里钻的腊味香，也许才是岭南人不枉此生的冬天。

一口吃下去，
几乎难以分清哪一块是滋味，
哪一种是情怀。

山野农夫

花香知茶好，闻香识好茶

The best blossom makes the best tea

-

一万个人眼中就有一万种好茶，

究竟哪一种才是真正的好茶？

来自福建清溪高山之中，

质朴的山野农夫愿用时尚的方式诠释不一样的茶，

让年轻人了解并接受节气养生与传统文化，

更加关注自己的健康、关注生活本身、欣赏自然的大美。

- 品一杯花茶，赏一段人生

放慢脚步，

用一壶茶的时间享受更多人生的幸福。

-

采花为茶，泡一壶情深

茶，是大俗大雅的东西，饮茶亦是。

福建及潮汕地区的工夫茶，从茶叶、茶具到泡制、品尝，每一步皆需工夫，雅趣盎然。东坡居士则说“唐人煎茶，用姜用盐”，状若烹饪，如今已是很难见到。年幼时，街边常见茶铺，一口大桶，浸泡着许多纱布包裹的茶叶，路人口渴只管倒来喝，茶水浓得发苦，一饮而尽却甚是酣畅。

父辈多惯饮茶，出门便是抱着茶杯，清爽的苦甜好比是他们的青春岁月，颇有忆苦思甜的味道。母亲则更喜爱花茶，借着花香、借着茶意，用温婉的花茶冲泡出淡爽的甜香，那香气缠绵不绝。

母亲对花茶的喜爱，源自女人的天性，烂漫自由又钟爱美好的事物。多年前父亲凭借一束束鲜花博得了母亲的芳心，玫瑰花、荷花、桂花……充满勃勃生机的花朵像极了母亲年轻时的面容，这一份花朵般的深情历尽穷困病苦，依旧鲜活如初。母亲是爱花的，鲜花饼、桂花糕、百合粥，房前屋后的花花草草，书页间的花叶书签。

一个懂得生活的精致女人总是与花有缘的。女人如花，花养女人，母亲曾说世间有一道河，名为忘川，忘川之上有一座桥，名为奈何桥，所有的凡尘记忆，苦痛欢乐，四季流转，时空转变，万物皆化作一杯茶，一饮忘三生。

此生若真到此处，倒希望这茶能是一杯好花茶，不枉费此生的烂漫精致。

- 山野农夫 桂花红茶

繁花烂漫杨柳腰，温润宜人洛神饮

成家立业后离开了家，远离了母亲带给我的精致享受，每日在工作中忙碌，加班、熬夜、不按时进食成了每天生活的主旋律。母亲从不多言，只是每月按时寄花茶给我。即便是为了生计辛苦奔波，多少也当爱惜自己，作为女人，可以居无花草，不能饮无花草。母亲精挑细选的花茶十分特别，让我不得不敬佩她的精致品位。朴素的外盒上书“山野农夫”，便是这花茶的名字。

花茶又名香片，多用植物的花、叶、果泡制，宋代以香熏茶，茶香与熏香并用，衬托茶之真味。明人捻蕊为茶，取半合半放之花，将花蕊与茶相窨，花香茶韵尽善尽美。及至清代，福州一带已有了天下闻名的茉莉花茶，深受北方人喜爱，“京味”花茶其实便是福建花茶的韵味。

这一壶茶，小巧的茶包设计颇为独特，锥体的样式，比起以往的扁茶包更实用，没有碎叶，花朵的形状样貌清晰可见，反复地冲泡耐用经久，和别的茶截然不同。

花草的新鲜之气在干燥过程中得以完整保留，经沸水的冲泡后香气四溢，初段玫瑰优雅之气，中段桂花香气清冽，后段是荷叶不经意的清婉之香，绵延不绝让人心旷神怡，入口则是缤纷之味。乌龙茶、重瓣红玫瑰、荷叶、大麦、决明子、桂花汇聚一堂却丝毫没有杂乱古怪的感受，反而口感新奇绵润，麦香、桂花香、玫瑰香将乌龙茶的香气衬托得更加高妙悠远，焕然一新的茶香充斥在口鼻深处，满口生津、满心滋润，仿如入世外山谷，花枝春满、落英缤纷。

这一壶茶名为“杨柳腰”，取自“樱桃樊素口，杨柳小蛮腰”的典故。乌龙茶中的单宁酸早被科学家认定有溶脂减肥的效果，同红茶绿茶相比更适合女性饮用，尤其是久坐的职场女性，常饮可养颜瘦身。荷叶中的荷叶碱、大麦里的膳食纤维、决明子中的大黄素，无一不是减脂瘦身的佳品。

春夏之交节气变换，正是吐故纳新，勃然生机的时刻，却因多雨而湿气倍增，春困绵绵疲惫不堪，“杨柳腰”再合适不过。一杯清香袭人，困乏之时备感醒脑，茶味缥缈淡薄、香甜诱人，利尿排湿又可溶脂塑身，一日数次饮茶，神清气爽，顿觉全身轻盈不少，盛夏将至，全然不用担心久坐生赘肉的困扰。

第二壶，小巧的茶包即冲即饮，茶色艳丽，异常香甜，如同母亲冬季常炖的红枣茶，沸水注入，汤色红宝石般晶莹、叶底色泽醇厚。茉莉花蕾在水中缓缓绽放、红玫瑰娇艳欲滴、胎菊含苞待放、洛神花衬着红枣显出红润，茶中花色一一浮现在杯中，花朵在水中次第漾开，盛在玻璃杯中格外娇柔，美不胜收。饮一口，甜、暖、舒，口中是花香与枣香，还有甘甜的滋味，那是儿时最喜爱的冰糖。

这一壶名为"茉莉玫瑰洛神花茶"，玫瑰的香甜怡人中透出茉莉花独有的高雅气息，菊花的轻盈之感冲淡了冰糖的甜腻，让甜味更加清新，红枣的红润色泽与洛神花的红宝石色泽相映成趣，花香与枣香交融，茶香更加甘美，饮一口，没有甜腻之感，甘美舒心，只觉得由口到腹温软舒适。

这是真正的花草茶，聚花、叶、果却没有传统意义上的茶叶，自然的风物尽收杯中，每一味都似是主角却又互不冲撞，每味间的比例精准而适宜，如同百花齐放、尽善尽美。

- 山野农夫 茉莉玫瑰洛神花茶

是茶亦是果食，不论是洛神花还是红枣都是食材，泡茶过后用小匙送入口中，花果的滋味清新别致。红枣的调养滋润功效自是不必说，玫瑰花活血舒肝解郁功用尽人皆知，洛神花富含花青素，为冻龄佳品，菊花除烦躁排毒，茉莉花明目宁神，冰糖清凉润肺，都让这一壶茉莉玫瑰洛神花茶成为温和养颜佳品，令人受用万分。

美是亘古不变的追求，古时便已有白粉敷面、凤仙花染甲。人们常说爱美是女人的天性，如今，爱美成了众生的天性，精致的美成了更高的追求。如果有那么一壶茶能带来姣好的容颜、温和的心境，那么一定是茉莉玫瑰洛神花茶，随手一杯，温和美颜，无惧岁月侵蚀。

想来母亲定是担心我工作繁忙，不懂得养生呵护自己，才特意挑选了山野农夫的花茶。按着时令的变化挑选不同的花茶，不管是春夏秋冬，香气四溢的好花茶里满满都是母亲的无言的关爱。

人境如茶，是茶非茶

但凡好茶，总有一段往事，一份意蕴。一杯花茶，天地乾坤、风霜雨露、刹那芳华尽现其中，还有种茶人的一丝心意时时萦绕。女人如花，花养女人，这花茶就该有山野农夫般朴素的意境。

自古饮茶多禁忌，空腹饮易伤身、饭前饮易“茶醉”、入夜饮易失眠。茶文化是传统也是精髓，时代变幻，茶之道代代传承，三名来自古清溪的茶叶世家传人手择鲜花百果，于最佳时节采于枝头，研习花草之理，一改茶饮禁忌，以花草吐故纳新之力滋养苍生，连饮茶的方法都去繁就简，谓之“时尚”。传统有传统的精粹，时尚有时尚的绝妙，科技、药理、古法、创新融于一体，时尚养生之道反而诠释了花茶，传统花茶更多了几分新的意蕴。

听闻山野农夫里的“农夫”亦是一个不羁的“怪人”。生于茶叶世家，却偏偏选择将时尚之力注入传统花茶；前程似锦遍尝荣华，却选择隐姓埋名做起了一介茶人；不拘小节、不重修饰，追寻自然而然的山野乐趣；乐于山水、自爱天地，自称“山野农夫”。

“山野农夫”，是虚怀的自嘲，也是真实的写照。每一年行万里路、取千家经：菊花是桐乡胎菊为菊中佳品，广西金桂为桂中最佳，横县茉莉为茉莉之最，洪湖的荷叶最堪怜，东北的大麦阳光最美，还有祖祖辈辈耕耘至今的高山茶叶让人醉……

百种花草精挑细选，从自建厂房到科技监管，每一片茶叶花瓣都应用到最新的科技，只为展现花茶最美的瞬间，以勤劳厚道、天然淳朴之意，坚持做良心好花茶。

是花茶而非花茶。山野农夫的复方花茶已不再是古老的花茶，单纯的花茶比比皆是，好茶却少之又少。最初是单纯的花叶，满足人们对于自然的无限热爱，之后是不断的变革与丰富，四时更替的韵律与海纳百川的气量丝丝紧扣，花、果、叶、根、茎、草、木……花茶变得意外地迷人。

内蕴是主要的，适宜的使用设计更不可少，比起悠闲的品茶方式，茶包成了年轻人的最爱，简单、干净、方便，但市面上常见的茶包用的都是碎茶叶，失了茶的滋味。

山野农夫又在茶包上钻研个透，采用了三角立体茶包。完整的花草木叶，精致的外形，更适合爱茶之人随时冲泡饮用。多重的科技制茶工艺，保留花茶鲜活的生命与自然的养分。山野农夫般质朴踏实的笑容与服务，将好茶和微笑留给每一个陌生人。

山野农夫营养丰盛的内在超脱了传统的花草内涵，更自由更务实，让远离土地、山林的都市人感受山风林雨与自然的馈赠，享受花开花落的芳华永恒，调节疲惫的心灵与身体，抛却烦琐的泡茶程序，随时随地喝一杯花茶，听一窗风吹雨打，看一段花谢花飞。

春、夏、秋、冬，

各有各的丰茂与转变

返璞归真，自然大美

茶之一字，形似人在草木间，如坐山林，如归草木。

花茶是精致的养生茶，喝的是茶，赏的是花，品的是人生，养的是天然。

年有四季、十二月、二十四节气。“春雨惊春清谷天，夏满芒夏暑相连，秋处露秋寒霜降，冬雪雪冬小大寒。”传唱百年的节气之歌，如今已不大有人识得，喝惯了可乐咖啡，差点忘了最自然的鲜花盛世。春、夏、秋、冬，各有各的丰茂与转变，物随时转、人随时转，

所谓的养生即是如此，花茶原本并不足以养生，但山野农夫的复方花茶却有着养生的妙处。花茶养生，与节气时令相合，四季不同茶，味味有深意。

生活中的苦痛繁杂，举起时皱眉、放下时恍然，工作中的焦虑，浮起时沉静、沉淀时安然，无惧风波。山野农夫最适合的就是年轻气盛的人，一面是工作的无尽风波，一面是生活的多番风雨，

乏累迷茫，身心交困之中，饮一杯山野农夫的花茶，饮出生命的简约与空灵，尝出俗世中的洒脱别致。

花茶的标准在每个人心中各不相同，每一壶花茶的滋味也随着四季的流转不尽相同，何谓好花茶？

自然造大美之茶，花中有健康与美，更重要的是有意千重、情万丈——在这忙碌不停的生活里多一分自然体悟，好让我多滋养自己一分，多珍爱自己一分。

半房杂货

等候每个晚归的人

Waiting for those who come home late

Flower language
MYSTERIOUS

-

生活本是空虚与丰盈的轮换，

空是期待，期待被各式物件填充丰盈；

丰盈无暇的生活，又成了一场无可期待的空。

空是冲虚无物，满是丰盈无暇，

生活究竟如何？

细细想来，半，大概是生活最好的状态。

- 半房杂货店长 林然

不必太在意别人说什么，

只需要忠于自己，关注自己的生活。

半房杂货，就能满心欢喜。

-

深夜归家的旅人

深夜，一个旅人，在万家灯火中寻找一盏为自己点亮的灯，没有什么光亮能及得上名为“家”的那一盏。所有的不名一文、无处可归、悲伤苦痛，都融化在温暖的家中。打开门，明亮的灯、安然的桌椅、透明的水杯、静置的碗碟，都默默散发着对旅人的关心。

“欢迎回家。”耳朵听不见的声音在心中响起。没有喧闹、没有争吵，所有的物件都在自己的位置上静默地等候着开门的一瞬间，等候着归家的人。为了这一份等候的温柔，总会忍不住去搜寻一切令人安心的物件，无论是日式、中式，还是北欧、现代、新奇、复古……但凡是喜爱之物，全都囊括其中。

杂货铺是个神秘的地方，它的门像是通往异世界——另一个充满神秘与幻想的地方。不大的铺面里，错综复杂地摆放着各色物件，看似凌乱又独有美感。

这个杂货铺的名字，叫作半房。

与半房的邂逅，源于爱收集的小习惯。漫无目的地东游西逛，收集那些令人一见钟情的温暖物件，瓶瓶罐罐或是锅碗瓢盆，不为别的，只想把生活填得既温暖又饱满。

设计从来就不是挑选的标准，美与不美也都是个人的眼光，喜爱就是喜爱，没有来由亦无法阻止。生活是驳杂的，半房杂货也是——这里住着物与人的一生：住着海的波涛、鲸的歌声，住着冬天的大雪、夏天的蝉鸣，贩售世人对生活的一切爱恋，满足人们对生活的全部喜爱。

空，是留给下一次邂逅的心爱之物；

而满，是连绵不绝的喜爱与满足。

但凡是美丽的物件都会唤起人们灵魂深处收集的欲望，喜爱是无可阻挡的动力，厨房中的物件、书房中的摆设、厅堂中的装饰、桌上的点缀、手边的饰件……空，是为了留给下一次邂逅的心爱之物，而满，是连绵不绝的喜爱与满足。

在半房杂货里，生活是圆的，也可能是方的，生活也许就是一个瓶子、一口锅、一个盘子。

踏入半房杂货，便与不期而遇的心爱之物撞个满怀……

- 北欧经典绿叶盘

假如生活需要一份绿意的憧憬，会选择怎样的方式？绿植，草木色，还是一点特别的盛放？

不妨采撷林中的苍翠木叶盛放在盘中。

花朵的盛放像是香甜的骄傲，木叶的盛放则是寂静的欢喜，苍翠的绿意像是化作一泓碧绿的深泉滴落盘中，没有什么比这绿意更加动人。好花易谢、木叶萧萧，半房将盎然的绿意一一描绘，情人泪、圆币草、尤加利、绿枫叶、芭蕉叶、万年青、仙人掌，清新的绿意点点滴落在皎洁光滑的骨瓷之上。

骨粉占36%以上的骨瓷，高温植物印花，圆形平盘，7种不同的绿植图案。易碎的骨瓷中加入了镁，瓷质细腻通透，盘形典雅简洁，釉面润泽光亮，图案多姿多彩，镁的添加提升了骨瓷的硬度与韧性，比普通瓷器更为耐用。盘面柔美而润泽，洁净而清亮，幸福便是享受生活中的简洁。柔白的瓷器不似金属那般冰冷，用作餐食摆盘莫名地让人心安，高温烧制的木叶图案在汤汁、热气间如同在风中摇曳般栩栩如生。

喜爱是莫名的，在遇见的一瞬间心里便涌起了喜爱之情，毫不犹豫地购买，甚至没有细想过盛放怎样的食物更合适，不可救药地想要将其占为己有。拆开层层的细心包裹，在看见柔白圆盘上那抹惹眼绿意的一瞬间屏住了呼吸，来自北欧丛林的风吹开了心中的温柔。

盛放水果、早餐抑或是用作杯盘都恰到好处，即便是静静搁置在架上，灵动的木叶衬着洁白的瓷质光辉好似一幅艺术佳作，为陋室增添些许恣意的丛林风雅。

在半房杂货的世界里，各色的物件多不胜数，从锅碗瓢盆到瓶瓶罐罐，各种各样设计独到的东西纷至沓来，每一个角落里都藏着不为人知的小秘密。

寻找宝藏般探物的惊喜、发现命运般一见钟情的邂逅，钻进半房杂货的铺子里，就像是鱼儿进了大海，无拘无束地寻觅自己喜爱之物。

温暖灯光下的半房

小物件、大摆设，或繁华或清冷，生活是多面的，喜爱也是。选择怎样的生活成了不可逃避的难题。选择意味着什么？有时候一个不经意的选择，人就走上了截然不同的人生道路——半房杂货的主人林然对此有诸多感慨。

开始只是在做些喜爱的事，收集些喜爱的物件，不知不觉间走到了选择的路口，是读研进修还是继续经营自己的喜爱？林然没有想过要选

择，而选择总会自己找上门来。家人对于他放弃读研进修的事始终耿耿于怀，而年轻人的喜爱也绝非一时的意气用事，那是种绵长的喜爱，即便是苦苦支撑也不愿放弃。

困倦的时候，会做起梦来。梦中是打开的一扇门，一扇脱离世俗和烦闷的门，避开生活的重击与无聊的蹉跎，透出来暖黄的灯光。温暖而明媚，让人好奇这扇门之后是怎样的光景。这一个梦，变成了不犹豫的选择，变成了半房杂货的LOGO，也变成另一扇门，它让更多人明白了生活中的另一种喜爱与明媚。

杂货是一种喜爱，杯碗瓶罐、什物装饰，它们都是林然的喜爱之物，单纯的小美好让人心生欢喜。挑选、设计、制作、贩卖自己喜欢的杂货，他的生活里充满着他喜爱的一切。

林然寻找属于更多人的喜爱之物，摸一摸、试一试、想一想、看一看，摒去浮华，由衷地贩售喜爱之物，没有盈利的包袱也没有效率的束缚，倾尽全力释放遇见时的深深喜爱。

世界本是冰冷，所以温暖才会吸引更多的人，半房杂货温暖得让人移不开眼。学弟学妹、室友朋友、万千的半房爱好者被门后的温暖吸引，越来越多的人来到半房杂货，在这里相遇、相识、相知，记录着生活的"小确幸"，分享着美食与美物。

有人喜爱便有人不喜爱，没有什么东西能让所有人满意，但所有的疑问都值得细心地对待，所有的不愉快总能得到一个圆满的和解，因为这里是半房杂货，这里有林然和伙伴们温暖的期许。

等待每个晚归的人

在孩提时候，我们总以为世界只有对错。成长后，发觉人生的选择发散成了很多条路径，好比林中小路分岔，每一条路上都有着截然不同的美景。选择了其中的一条路，想着另外的路下次再走，而实际上却永远没有机会再重新选择。

日复一日的生活，我们被迫做出各式各样的选择，生活成了一种空，一面连着往事的回忆，一面连着未来的希望。

你喜爱怎样的生活？是渴望丰盈的填充，还是期盼简单的通透？有许多人可以畅快地告诉世界，自己喜欢什么样的东西、热爱什么样的生活，而更多的人并没有明确心中的喜爱。对于这一部分人而言，喜爱伴随着相遇。在相遇之前，没有想过自己会喜欢这样的人、这样的物、这样的生活，却在相遇后，坠入深深的喜爱。

心怀喜爱，渴望洒脱的空与丰盈的满，而恰到好处的空与恰到好处的满大概就是半。不必费心选择，坚持单纯主张，贩售杂货，装饰心爱

之物，下厨做点心甜品，举手做花艺手工。

一群热爱生活的人涌入半房杂货，烘制爱心小饼，品尝四季美食，在琳琅满目的铺子里寻觅自己的一份喜爱，邂逅无忧无虑的自己。有着未来的期许，有着身边的喜爱，虽说喜爱因人而异，而这份喜爱的心情却不会轻易改变。

拥有过半房杂货就会理解生活的多选。并不是所有的事都必须择选其一，生活是一座兼容并包的房子，你可以收藏所有你喜爱的东西，不必思考如何摆放，也不必担心无处使用。仅仅是简单的拥有，就足以填补成心中恰到好处的满。

半房的杂货林林总总，让人总会被各种东西迷住眼睛。生活是单选题也是多选题，在选择的时候痛苦迷茫，在做出选择后游移不定。在迷茫困顿的时候，家就会给予我们温暖与治愈的力量。那些安宁而治愈的美丽物件，静静陪伴着我们的生活，让我们心怀期待地打开回家的门。

自然有度

Nature is moderate

熹山工房

-

家是一个什么样的地方？家是栖息地，

里面藏着你走过的路、读过的书、

做过的梦和相伴的家人。

家里藏着你全部的秘密，褪去世俗的浮华，

卸下防备的伪装，放慢呼吸，

体味过去、现在的自己，

- 罗启武师傅　童浩合照

面对纷繁而安之若素，感受生活的禅意，

体验熹山工房的蕴意，那像秋般的沉稳、踏实。

-

- 丘田系列组合柜

名为家具，读作生活

近些年来，时代走得很快，人心也不由得浮躁起来。因着在十多年前，我们这一代人从未预见拥有自己的“家”竟然会是如此困难的一件事。困顿地日夜工作、奋斗，甚至负债累累，才勉强换来一处名为“家”的居所。

身处这个时代的人，比以往的任何一代人都更明白“家”的重量。

家，是几经浮沉得来的宝贵财富，越是难得，便越是视若珍宝，一颗躁动的心恨不得将世间的美都汇集在这个名为“家”的地方。

可越是珍爱，就越是盲目，就越容易被浮云遮住了望眼。一心渴望的东西，在无数装饰之下反而变得陌生疏离，索然无味。

待在这样的地方，丝毫没有“家”的亲近之感，好比客随主便，只得迁就着“家”中的一切：并不称手的桌椅、华而无实的橱柜、臃肿的家具，这些中看不中用的东西让人在家里反而不得呼吸的自由。

好的家具应该是有对“美好”的追逐。

美，是天成，是自然的杰作，也是匠人手艺的凝结。好，是实用，是万物的本性，也是对生活的品质追求。美好，是自然天成与人造功用之间的相互平衡，浑然天成且功用有度。

这柜子是否平平无奇？若用华美的标准，那确实平淡无奇至极，若从美好的角度，则大不相同。

自然与自由是丘田组合柜的美。实木的选材严格，自然的好木，纹理优美，质地坚固，耐用美观，抛开油漆、涂层，只用天然木蜡油，尽可能地展现树木自然的美。

樱桃木、黑胡桃木、榉木，三种不同的材质备选，同一款组合柜，不同的气质流露。暖系赤红的樱桃木、淡雅柔和的榉木、深棕低调的黑胡桃木，给每个人更多的选择，给每个家带去不同的气质。

中国人多少都有些实木的情怀，每一块木头都会说话，都有着自己数十年的生涯，日升月落的温度沉淀。活着是树，做成家具依然是鲜活的延续，几分日照、几分雨润，数十年岁，多一分嫌多，少一分不足。

树木长成已属不易，好料更是难得。没有一点白边、瘿疤、虫洞，好料总需万里挑一，打磨、抛光，去除木质外表的粗野，崭露树木内在的温润如玉。

柜脚的高度是100毫米，这100毫米的空隙是几经琢磨修正后最适合的高度。低矮却正好能通过扫地机器人，留得住组合的一分空白，撑得起柜子的一方天地。空格柜，如字面意义，安放所有不经意的意外之物，毕竟生活总需要一些自定义。抽屉柜，纯铜拉手精心打磨，心事与秘密都被妥帖地存档，在这一个角落里永不遗失。

玻璃柜，手工制作的水波纹玻璃，若隐若现的四格小柜，复古的开合方式，不真切的含蓄小心思，如同幼年时家里藏满宝物的圣地，有着雾里看花的美。三格柜，左中右，黄金分割比例，再挑剔的人也为之折服，恰如其分的端正。竖格柜，七格竖柜是文艺青年的心头好，七是神秘的数字，一周七天、光谱七色、孤独的质数、酸碱的中性数……摆放书籍更是刚好。

印象中的橱柜总是以固定的姿态出现，设计好整体的模样，搬进家中。但组合式的柜子在近几年也流行起来，五种柜子的形态，任意自由组合，可以是书柜，可以是储物柜，可以是梳妆柜，甚至是家中的装点摆设……不拘束，不刻意，随心所欲地自由搭配选择。这是丘田组合柜的内在美，1+1是不同的2，是变换的美，是自由的功用。

是大海也是花开

若要问设计者与工匠师傅哪一个柜子最好，恐怕他们也说不上来，因为每一件都是细致琢磨、认真手作的宝物，提起熹山工房的器物，每一件都能让他们兴奋地展示出来。

木家具是什么？是繁杂的工序，是守住传统的手艺，还是发扬匠人的精神？

罗启武师傅只会点点头，然后重重地摇摇头。作为熹山工房的大师傅，他从十六岁正式做木匠，至今已四十多年，经手的器物没有上万也有成千，实在是数不胜数，但自己经手的每一件，都能让他津津乐道。

十二三岁的时候，他做过一个小板车，自己琢磨了自己做，自己坐上去玩儿，觉得不好用就再改。每造一件器物都是秉着这样一份心，做个东西，一点点改动，好用、实用、耐用就是好的。

这四十多年里，罗师傅延续着传承自自己师傅的木匠技艺——榫卯。看似落后的方式，却是无数木匠的经验大成，在网络媒体争相吹捧榫卯工艺的时候，罗师傅只觉得这是理所应当的木匠方式。

传统手艺的式微让他一度想放弃木匠的工作。没有年轻人愿意学，没有徒弟，只剩下自己的双手，脑海中的记忆，与身体肌肉中无法忘记的木匠技艺。直到有一天，他的女儿结了婚，把另一个热爱木制家具的年轻人带进了自己的生活——他的女婿，童浩。

在与老丈人结识之前，他是中国美术学院毕业的高才生、家具设计师，履历光鲜，见识广阔。童浩喜爱设计，设计是他的强项，木头的质感让他着迷，传统的技艺让他感慨。于是一老一少，忘年交的合作在不知不觉间拉开了序幕。一个是天马行空的设计师，一个是因循守旧的木匠，各自有着各自的坚持，起初的磨合令人忍俊不禁。注重设计虽美感不缺，却难以制作，而且华美有余却实用不足；守旧的，传统功用有余但美感不足，难以被新时代的人接纳喜爱。

一次次地设计，一次次地琢磨，一次次地修改，抛弃浮华，专注于简约的美与功用的好品牌由此诞生。

它的名字叫作“熹山工房”。“熹山工房”，取自东晋田园诗人陶渊明的《归去来兮辞》中的“问征夫以前路，恨晨光之熹微”，意思是早晨从山上带来的第一缕阳光，既有传统的中国韵味，又有朝气的活力，代表着这一代人对传统工艺的继承及延续。

喜欢宜家，喜欢无印良品，越来越多的人开始发现生活返璞归真的本质，而上下五千年的文明古国却没有如此返璞归真的品牌。返璞归真，在汲取现代设计的种种变迁后，重回传统，似是看尽花花世界却转身扎进故土，“熹山工房”就是华夏文明的土壤中孕育出的新芽。

之前的工房建造在厦门的一片海湾之上，落地窗外是潮起潮落的大海，“面朝大海，春暖花开”大概就是“熹山工房”这样的意境。寂静的工房里时常举办木作的手工课，打磨的声音有韵律地响起，小巧的拨浪鼓、台灯、砧板……让人体验着木作的精妙与细腻。时间在这里变得很慢很慢，快节奏的现代生活在这里被有节奏的韵律粉碎，慢悠悠地让人心生欢喜。即便搬离了海湾，海洋的气息、包容与沉静依旧流露在熹山工房之中。

踏入熹山工房，仿佛身处山林，目之所及是亭亭树木，鼻尖闻到的是自然的呼吸，猛然惊醒才发觉此处并非森林，而是满满的家具陈列。美好的家具，是“熹山工房”的代名词。

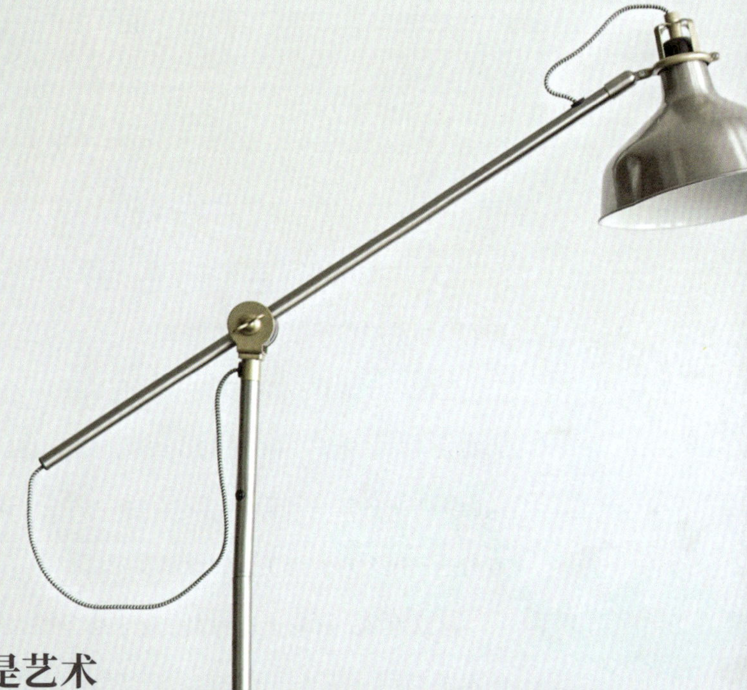

是家，是生活，是艺术

当我们谈论家的时候，我们实际是在谈论着自己的生活与理想：什么样的生活方式是自己理想的生活方式，什么样的生活是自己想要的生活，未来的自己想要成为哪种模样。这一切的心思都藏在我们各自的家中，从狭小局促到合理运用空间，从浮华无用到美观实用，从满目的拘谨感到自在的舒适。家的艺术也许有很多种，或是奢侈浮华，或是自然随性，而对于喜欢熏山工房的人们而言，家就是简简单单的“亲切”二字。

春天的蓬勃、夏日的热烈、秋天的踏实、冬日的严肃，如果要用一个季节来定义熹山工房，那绝对是一件难事。它有着春天的清新温和，有着夏日的蓬勃生命力，又有着如同秋季一般沉甸甸的踏实，还有着冬日般的端庄秀丽，因为这里是树木的天堂。树木天然的生命在此接受打磨，被赋予传统工匠的心意与现代艺术的内涵，以更加完满的姿态延续着自己的生命。

阿原

给你的，是最好的

All I gave you is the best

-

当我们还是向父母讨零用钱的孩子时，

向往的自由，是独立。

当我们渐渐穿成大人的模样时，

向往的自由，是城市霓虹、是被仰望……

后来，为“自由”奔波的身体，生病了。

连心灵，也不再明亮。

失去了健康的我们，迷路了吗？

- 阿原创办人 江荣原

“健康是一种自由——在一切自由中首屈一指。”

阿原肥皂，爱惜你的身体，关心你的健康，

用心去净化你的心灵，给你自由。

-

记忆中的皂香

小的时候，还没有琳琅满目的护肤品牌。

记得妈妈们也都爱美，出门前会细细地打扮一番。要是第二天参加的是吃喜酒这样的活动，一定会在前一晚就翻箱倒柜，找出些平时不舍得穿的衣服，在镜子前比比画画，一件件试穿、打量，最后终于找到一件满意的，才肯罢休。对于吃喜酒，小孩子是再喜欢不过了，所以，自然会期待第二天的来临。

次日，妈妈会早早就起床，喊起熟睡的孩子，在狭小的卫生间依次递过牙刷、毛巾、肥皂，督促孩子认真地洗净小手、小脸，肥皂的香味在孩子认真的揉搓中飘散出来。难忘肥皂那种淡淡的植物味道，自然又芬芳。当时，并没觉得手工肥皂有什么好，只不过却很喜欢用它洗过脸后，

手上、脸上挥不散的清香，整个人被一种整洁的轻盈感包裹着。

后来，小女孩变成了爱美的大女孩，有了自己的第一瓶香水，第一支口红……而各式各样的护肤品更是摆满了化妆台，就连洗面奶也同时用着好几支。可洗脸的时候，再也没有了小时候用手工肥皂洗过脸之后那种舒服、自然的感觉。偶尔，也会想起小时候手工皂那自然的香味，那让人觉得心安的味道，可能就是回忆的味道吧。但想要重温手工肥皂那种美好的气味，却不太容易了：工业化的机器早就取代了传统的手工，化学的香料浓烈过自然的幽香……人们总是在向着更好的一切追逐着，却忘记回头去看曾经的一切。

- 阿原农场

因为经历，所以懂得
因为懂得，所以慈悲

而在海峡的另一边，有一个人却努力制作着手工肥皂，他就是这家手工皂的创始人江荣原，大家亲切地称他为“阿原”。

阿原本是一个广告人，早在1999年时，他在广告方面的事业就已经如日中天，可是随之而来的事情并没那么美好……职场上的阿谀奉承、唯利是图让心怀自由之梦的阿原感到很不开心，在巨大的心理压力下，他的身心出现了明显的失衡：体质变化，皮肤过敏。

阿原深感身心变化带来的坏处，决定要放慢自己的生活节奏。因为生病，阿原明白了身体的重要，产生了爱惜身体的念头。

阿原看到艾草长得正茂盛，别出心裁地摘了艾草，仔细地捣成了泥，

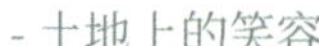

- 土地上的笑容

放在自己制作的手工肥皂中，期待能改善皮肤的过敏。没想到的是，在使用了艾草肥皂后，阿原的皮肤真的有了很大改善，并且精神状态都饱满了。阿原很想把这份惊喜分享出去，于是便开始了手工肥皂制作之旅。每次做好肥皂后，他都开心地送给亲朋好友，请他们感受使用自然原材的手工肥皂特有的魅力。

身边好友在使用了阿原制作的手工肥皂后，都感觉不错，不但皮肤有所改善，肥皂那种天然的香味更是令使用者精神愉悦。他们兴奋地找到阿原，向阿原讲他们的变化，因为心情舒畅，连工作压力似乎都变小了。阿原当然了解他们的想法，因为自己何尝不是经历过被工作和生活的压力折磨得夜夜心烦的时期，自然也知道因为压力令体质变化，皮肤脆弱过敏是多么难熬。因为经历，所以懂得，因为懂得，才令阿原萌生出一个想法：爱惜人身，将心比心。就这样，阿原带着这样的信念，走上了制作手工肥皂的道路，一做就是20年，而初衷从未改变。

台北近郊的阳明山公园，是台湾最早的公园之一，这里自然景色秀美，保护植物品种众多，区内植被类型十分多元化。阿原选中了这里，开辟出了自己的农场，在纯净的土地上培育了20多种中草药，用于纯手工肥皂的制作，而这些中草药，也是手工种植的。阳明山公园，山水清朗，整个公园处在长期休耕的状态下，被工业化污染的程度很轻，无论是土质还是水源，都异常地干净。

阿原制作产品使用的水，也取自这极其纯净的阳明山山泉。为了让每天使用的山泉水都是活水，阿原会每天去取水，在溪水里洗净一棵棵药草，让手工肥皂的原料都带着天地的灵气与气息。

自然之生命力，乃世间最为珍贵之物

2005年，阿原的手工肥皂制作走上正轨，“阿原肥皂”创立了。十多年后，这个台湾本土品牌仍旧保持着尊重自然、保有自然质朴之美的制作理念。而这种有机无添加的粗糙肥皂，不但没有被市场所淘汰，反而一步步走向了更广阔的发展空间。

打造一个台湾本土的“台湾良品”，阿原一直有着这样的念头。台湾究竟有什么值得发掘利用的东西呢，阿原心中有答案：台湾的自然景观旖旎，大自然有着得天独厚的美感。台湾四面环海的地理特点、遍布山林的自然特色，令台湾的植物种类格外繁多，蕴藏着许多宝贵的中草药。而这些草药不就是大自然赋予台湾的礼物吗？可惜的是，这些宝贵的礼物已经鲜有年轻人会利用了，而那些老一辈的人终将会离去，到时候又有谁记得这些草药的神奇之处呢？于是，阿原决定在自己的品牌中坚持融入对天然中草药的爱。

阿原制作肥皂的材料从身边所能触及的自然之物起，并坚持天然的制作方式。于是，那些在山坡上随风摇摆的鱼腥草，那些长在田间的左手香，那些人们生活中常常会用到的艾草等中草药，都被阿原拿来，变成了手工肥皂的原料。而阿原通过研究天人之间的关系，觉得肥皂也是具有它自己的能量和生命力的，那么，自然就是肥皂的生命力源泉，所以他不允许使用纯水和过滤水去制作手工皂。他相信，那来自自然的天然泉水，那流淌不息的活水能够帮助肥皂洗净人们的身心。

随着阿原肥皂制造事业的发展，早期的肥皂制作工作室——万里工作室也被更换掉了，取而代之在台湾北海岸和阳明山山脚下成立了制皂研究中心。而且，那片阳明山种植中草药的土地，更是被阿原签下了20年的承包合同，令工作室不但可以培养制皂师，还可以培养园林师。后来，阿原寻找到德国慕尼黑医科大学的临床生化博士戴志，一起成立了阿原国际药草研究发展中心。可见，阿原对自然的热爱，对自然之生命力——中草药的热爱，已经不再局限于制造出一块块天然的手工皂那么简单了，阿原的心中有着对自然、对生命、对劳动美学的热爱，他在逐渐实践着“爱惜人身”的极致——物尽其用。

曝晒草药

阿原
洗頭水
當藥
Swertia Shampoo
品　名：當藥洗頭水(Swertia Shampoo – Revitalizing)
主要成分：當藥、人參、苦參、延命草、天葵子、菊花、18β甘草酸、蒲公英、紫花地丁、廣藿香、
用　途：洗淨頭皮與髮絲。

给你的，是我最好的

我们为了追求自由，付出了很多代价，损失了自己的健康，而度过半生后，发现健康就是自由。阿原手工天然肥皂一直力求把自然带到人们面前，通过关注人们的身体健康，用心地去做好每一块肥皂，让人们通过一块块小小的肥皂就洗净自己的身体，通过一丝丝草药香就净化自己的心灵，从而获得内心的宁静和平和。而这样的平和就是健康，那么自由这样轻而易举被我们拥有了。

今天，我们手捧着阿原的肥皂，感受它质朴的自然生命力，体会它的自然之美，而小时候使用肥皂洗脸的回忆，像开闸的水一样，又从记忆中涌出……我们还是那个和父母讨要零钱的孩子，那些单纯的小事，又能让我们发自心底地开心。我们不再是穿成大人模样、“戴着面具”的人，我们的心纯净透明，有着最原始的快乐：街边花坛的小花开了、天边的云积成了漂亮的形状、陌生人迎面的一个笑脸……而这些，在我们平时为了追求被仰望的“自由”而忽视的东西，竟然是如此地美好。而我们终于也明白，瑞士心理学家亚美路说的那句：“健康是一种自由——在一切自由中首屈一指。”

我们在阿原这种“爱惜人身，将心比心”的精神中，获得了自由。

阿原给你的，是最好的。

青山美宿

复杂世界里，有家就够了

Home sweet home

-

我见青山多妩媚，

料青山见我应如是。

- 青山美宿创始人 墨墨&阿文

青山之间，美宿留存

还没有说话，墨墨就笑了，笑声清洌得让人忍不住跟着笑起来。

偶然在朋友家看到风格舒适的地毯，透出的是简洁又浓郁的异域风情，令人好奇背后的设计师是怎样的人，几经周折，终于接触到了设计师本人。设计师名叫墨墨，长发、爱笑，不管什么时候眉目间都盛满笑意。墨墨的父亲在电影院工作，打小在电影院长大的她，童年里有着各种各样的电影，电影就是她生活的一部分，长大之后，这份电影情结依旧未变。

大半年前，墨墨拍了一个微电影，出镜的有她的先生阿文，还有他们可爱的女儿。画面里是不大但整洁的屋子，一家三口在柔软的地毯上随意地坐着，怀抱抱枕放松心情，无处不在的绿意点缀，阳光斜斜照进来，这是一家三口的诗意生活。

阿文在微电影里讲述了自己的生活和理想，电影是艺术化的生活，而生活本身就是理想的全部。多年前就是墨墨清洌的笑容，让阿文惊若天人，后来两人就在一起了。谈起这件事，墨墨总是笑着说："我也不知道为什么，就被他给骗了。"

阿文积极又乐观，总在不经意的时候宽慰略微消极的墨墨。他们的生活里处处都是设计，绘图、设计、打样，一起看喜爱的电影，一起为自家设计的东西命名。

2012年，两个人开设了自己的服装品牌——青山，后来又陆续开设了多家实体店。为什么要叫青山？墨墨笑了笑说，大概就是一种感觉，归隐

- 红松枝地毯

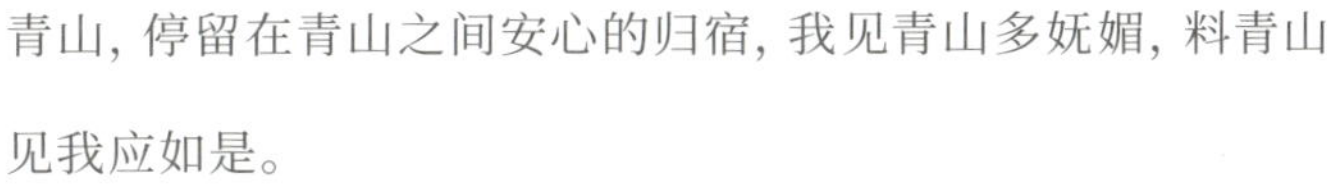

青山，停留在青山之间安心的归宿，我见青山多妩媚，料青山见我应如是。

恬淡的生活不紧不慢，从校服到婚纱，不久，他们就迎来了生活的转折点——一个崭新的生命。

2013年，新生命的到来让生活发生了改变，世界的中心好像变成了怀里的小宝贝，如果说两个人是爱，那么三个人就是家。小朋友总是喜欢和地板亲近，那么喜欢用小手小脚探索这个家，这个世界。虽然服装做得很好，但做家居的念头始终萦绕在墨墨的心间，2015年，她关掉服装店，专心做家居，一心一意地经营青山美宿。

从2012年到2015年，他和她牵手走过，经营着自己的小窝，从服装到家居，最后又在众多的家居产品中选择了地毯。墨墨觉得所有的经历都是有意思的。做服装的时候，设计不一样的衣服，想象着会是什么样的人穿上自己设计的衣服，又会去做些什么，会给生活带来什么改变。人的一生不会那么轻易被改变，但她依旧希望自己的设计给每一个人带去新鲜、美好的变化。

想要做家居的时候，墨墨每天都觉得家居越来越有意思，家居的美感、设计感，日复一日地在她心头打转。尤其是在有了小朋友之后，就会更想要给小朋友更舒服的成长环境，让小朋友可以愉快地爬爬走走，或是在地上打打滚。没有小朋友之前，墨墨一门心思扎在工作的海洋里，注意力都在家以外的地

方。有了小朋友之后，忽然想把时间花到家里去，去关心家与家人，而青山美宿寄托着墨墨的理想：让人回到家里去。

从2013年到2015年，一边是服装一边是家居，墨墨和阿文一边坚持一边摸索，小到浴巾、抱枕、地毯，大到各式床上用品。2014年，墨墨和阿文设计了第一款地毯，地毯是个有意思的地方，一家人坐在地毯上看看电视聊聊天，小朋友会在地毯上滚来滚去，或是跳个舞，或是小憩一会儿。

包容一些不完美，才拥有真实的完美

第一款设计地毯上市，没想到一下子就成了最受欢迎的产品。不少人都开始说着青山美宿的地毯，设计好看，而且很好打理。很多时候人们担心的不是地毯好看不好看，材质好不好，而是看中地毯是不是很好打理，能不能自己清洗。墨墨和阿文也向着这个方向不断调整设计，但实际上世上并没有这么完美的结果，地毯柔软的材质与好打理就像是鱼和熊掌一般，若是因为过度追求好打理的效果而失去了原有的特性，地毯就不再是地毯。

每出一次新设计，墨墨和阿文就开始命名。取名字是件重要的事，名字是一个称呼，也是一种期待。选择命名的方式看似很随意又实则很

- 黄金流沙地毯

用心——在看到的第一眼，心中留下什么样的印象，那就是它的名字。蓝天白云，淡蓝的底色与云团，两个心有灵犀的人，总在同一个设计上有同样体悟。青山美宿的地毯是什么样的？看到的第一眼就觉得是温情的。

地毯也只是一小部分，其实墨墨和阿文从来没想过要把青山美宿局限在地毯的世界里，他们想要做的是一整个家，家里的一切都在青山美宿里。静下来的时候他们总是会想一想，窝在家里的人会需要什么样的设计。坐在电视机前看电视，近视的人会怎么做？把沙发往前挪一挪吗？阳台的阳光正好，想晒太阳的时候搬个什么样的凳子才舒服？倦了

的时候不想窝在沙发上，睡在哪里会更舒适？

地毯、懒人沙发、抱枕……不为别的，就是为了舒适一些，温情一些，给家人更多的可能。

墨墨爱笑，也爱哭，她笑得爽朗，哭起来也直爽。热爱工作，热爱家，墨墨和阿文把两种热爱结合了起来，但奋斗创业总有着说不出的苦与痛。某一次到期交货，临发货却发现细节有问题，一瞬间着急、慌乱、气愤的情绪混杂在一起，明明心里难受，却要强作镇静。身为团队的领袖，墨墨得笑对困境：一边向顾客致歉，解释原因求得谅解，一边催促

- 绿洲地毯

- 叶之季挂毯

货物。而在工作的背后，墨墨总会忍不住哭上一会儿，三两分钟后擦干眼泪继续工作，有时候甚至边哭边工作。泪窝浅，眼泪多，将她的心灵冲刷得愈加清明。

青山美宿是个什么样的地方？热闹、温馨、不分彼此。这里举办各种温馨的“轰趴”，大声地笑大声地哭，品尝各种食物，在柔软的地毯上随意地躺着，或看电视或促膝长聊。墨墨最不喜欢加班，不是因为懒，而是为了家。大多数人将工作放在首位，在工作和家之间总会选择前者，如果放在多年前，墨墨也会做出这样的选择，但现在的她和阿文都会选择后者，因为懂得，所以珍惜。家，温暖的归宿，世间一切的一言难尽都在这个字眼里消散。

除非不得已，青山美宿的小伙伴们都奉行不加班的原则，空出足够的时间来生活。理解家、关注家、懂家的人才知道如何装饰家。不管有多忙，墨墨都会把最宝贵的时间留给小朋友，留给自己的家，哪怕是在地毯上休息一下，玩一会儿，或是靠在爱人的肩头，将心中的不如意流淌干净。

回看墨墨的微电影，初为父母的两个人，对家有了全新的理解与概念。在每个人的心中都应该有一个可以让心灵停泊的港湾，也许是一个小木屋，也许是一张床，总有一个让你心安的角落。这是青山美宿，也是每一个家，每一个人。

静研

静水流深，研以为木

Listen to the river running through the wood

-

总有一段时间会变得不愿归家，

因为太熟悉而失去了新鲜感。

每日回家都是同样的光景，

纵然隔着万水千山，

只要闭上眼就能将家里的情形猜得八九不离十。

一成不变的东西带来安定，

让人心安理得地生活，

以为生活就是如此，无须改变。

- 静研设计师 陈红磊

家最好的状态，

应该是家又不是家。

-

是家而非家的时候

太过理所应当的感受让人厌倦，太过荒诞不经却又让人陌生胆怯，若即若离才能时刻撩动每日的生活，“家”就是如此。

为了寻找“是家又不是家”的方式，有人尝试了许多东西，最后发现还是家具最重要。一件合适的家具，更像是有生命的存在，它像家中的长者，用自己的经验带给你便利，不管时间如何流逝，它以自己的姿态安静地陪伴着你。亲切的自然之感，从未停止生长的树木在“家”这个新的居所里散发着鲜活自在的气息，为了你的一举一动，为了你的一颦一笑，静静伫立。

记忆里的书桌是什么样的?

抽屉左右排开, 台面上被削得平平的, 笔筒书立依次排开, 大多数人心里的书桌都是儿时课桌的模样。

什么样的书桌能称作大家的书桌? 每人心里都有不一样的答案, 嘴馋的说有能藏蜜饯山楂的小抽屉, 学霸说起码能码上好几本《五年高考三年模拟》, 手机控说要有个手机架安放我的精神世界才行……

这张名为“大家的书桌”的书桌, 第一眼看去, 这书桌实在是名不副实, 细腿平台没什么新鲜之处, 细细打量却发现大有乾坤。台边半包围的小栏, 不必担心物件滚落; 角落溜圆, 磕磕碰碰也不伤人; 侧面自带挂钩, 包袋随时可挂又不占地方; 内侧一道小槽, 正好可以立起手机平板; 还有平日里无处安放的电线, 可以横跨在桌面上顺着小槽穿过开口; 可移动的配套小书架, 置物放书轻松利落。不由得让人暗自心想, 是自己变得井井有条了, 还是自己“被井井有条”了。

小时候母亲总会嫌弃孩子的书桌, 成日里兵荒马乱, 像收拾不了的旧河山。再后来母亲老了, 心也淡了, 孩子大了, 混乱成了经年的常态。书桌是个神秘的地方, 这里的东西不管放得多整齐, 只要端坐书桌前片刻, 双手所到之处就会一片乱象。

“大家的书桌”像是一个精于管家的先生, 接过每一个母亲的心愿, 不出一声、不说一句, 特殊的设计却能让书桌简洁大方、井井有条, 不生一点乱子。

叫作“大家的书桌”, 并不是设计者夸大, 而是这书桌样式本就是很多人共同提出的想法, 是“大家的书桌”, 不是“设计师设计的书桌”。知道了这背后的故事后, 这书桌更透出浓浓的人情味, 就好似全班人终于达成了一致的感觉。

- 大家的书桌

如果说“大家的书桌”是个一丝不苟的管家，那么相伴杂志架就是跟在手边的小书童了。

个子不高，立起来的高度和人坐着的高度差不多，支着四条细细的小腿稳稳陪伴在手边。相伴杂志架，这相伴说的既是一种态度，也是一种模样，四个高低错落的格子模块相伴着立在一起，显得有些调皮可爱。

格子里可以摆放随手阅览的书籍杂志，也可以放上各种装饰摆件，架子不高，顶上可以用作茶几，搁上一杯茶、摆上一盆花，惬意而随心。

- 相伴杂志架

- 有凳鞋柜

柜如其名，有凳子的鞋柜。

每天至少有那么两次，在家门口摆出金鸡独立的姿势，摇摇摆摆换上鞋，也曾试过在门口放上一个小板凳，可总觉得不合适。

在门口这样一个重要的地方，推门而入就是一张藏不起来的小板凳，除了能在换鞋的时候提供一点助力，其余的时候只会觉得它碍事——藏也无处，放也无处。

这么一来，有凳鞋柜就诞生了。左右开门的鞋柜，装得下一年四季的鞋，顶上的抽屉是钥匙、雨伞、零钱的好去处。亮眼的凳子不在鞋柜里，而在鞋柜底，用的时候脚轻轻一勾就能带出来坐，用完伸脚一推就能妥帖地放回柜底，严丝合缝刚刚好。

比起“大家的书桌”的一丝不苟，相伴杂志柜的惬意相伴，有凳鞋柜像是个大腹便便的家伙。把一路的尘埃历程都收在自己大大的肚腩中，把杂乱的窘迫，难以安放的不快都妥帖收藏、小心安放，不透露一丝一毫的不满，将所有的麻烦完美地解决。

无论是“大家的书桌”、相伴杂志架还是有凳鞋柜，用的都是黑胡桃木与红橡木等实木，从北美洲漂洋过海而来，木头上原本的纹路被一一保留，时间如同寂静的流水在树木的身体里穿流而过，沉淀下一圈一圈的模样。硬质的木蜡油是家具身上唯一的外衣，保留树木的纹理又极易打理。

这些充满生命力的家具有个简单好听的名字——静研。

十年心迹江湖行

静研有什么涵义？身为创始人的陈红磊自己也说不清，就是好听，就是喜欢，从一开始便是为了家具而生。工业设计专业出身的陈红磊在毕业后不久便加入了北漂的行列，自然平和实用的设计理念和静研的风格体系都在心底慢慢成形。然而北京并不适合所有人，坚守家具设计的陈红磊面对的是一盆又一盆的冷水。

很多时候，人生需要一种退让，沉淀自己的心，才能找到自己真正的方向。在这个时候，柴静写的《日暮乡关何处是》给了陈红磊新的灵感，“云南”成了他心心念念的地方。

说起自己的故事，陈红磊觉得这就是一段经历，甚至不算故事。二十多岁前和所有同龄人一样，读书升学，所有的经历都好比是水到渠成。无忧无虑的学业之后是直面生活的战斗，在北京，在设计行业，三年。三年，说长不长，说短也不短，北京的喧嚣，心中的憧憬却总被现实越推越远，厌烦随之而来。

读到柴静笔下的野夫，陈红磊心生向往，像是怀才不遇的诗人选择隐于江湖之中。陈红磊一口气跑到了大理，彩云之南的大理古国。这是个诗情画意的江湖，古国的底蕴、如春的四季、慕名而来的人们，大家在这江湖中相聚又别离。

在这个诗情画意的世界里，陈红磊遇到了柴静笔下那个“走，野哥带你去看江湖”的野夫。早就听闻他在大理，却没有想到真的被自己所识。读过他写的字，尝过他半生飘零的酒，心中怀着悲苦的感动，却在真正相遇的时刻恍然大悟，有什么心灰意冷、说什么世事无常，都是岁月河流里的一圈圈涟漪。这一番相遇，陈红磊的“净研”客栈就这么开了。

“净研”，爱的是字的音节，舌尖温柔地在上下颚的中间停留，安静而考究。客栈在大理晨钟暮鼓里迎来送往，与江湖朋友们聚散随缘，陈红磊依旧耐不住一颗设计的心，爱在闲来无事的时候做些闲不下来的事，或是设计家具，或是装饰客栈。

设计对于陈红磊来说是一种完善此生的方式，手脚不停地设计家具，就像是在不断打磨着自己的骨血，在百无聊赖中慰藉自己的灵魂，在苦苦挣扎中缓解自己的苦痛。逃跑也好，开客栈也好，自己的所学就是设计，就像是屋檐下轻轻的水滴，反复敲打着他的半生，融进了他的生命里，无法分离，甚至让人开始相信一种名为“命中注定”的东西。

那一年，陈红磊和往常一样，在夜幕降临的时候与五湖四海的朋友们闲聊，聊起大学时仰慕过的设计师，聊起北京的四季分明，聊起了中国的历史故事，从阿房宫到华清池，绕不开西安两个字。那一天，鸡鸣依旧如同往日，而“净研”却已从大理离开，在遥远的西安，“静研”沐浴在阳光下。不再是客栈，而是家具设计公司，一样的音节，不一样的名字，同样不变的还有陈红磊那颗深爱设计的心。

陈红磊最终还是和自己的家具设计走在了一起，这一路究竟有多少困窘与难忘？他摇摇头，世间没有那么多说来话长，多的是来日方长。

静水流深，研以为木

从离开学校到现今，已经过了整整十年。

大理的春是永恒的定格，闲适与惬意的往昔深深烙印在静研的气息中，说是自江湖隐退，而江湖其实一直都在。曾经仰慕着那些设计大师，如今自己也成了那样的人，尽管不是走同一种设计路线，但把自己的创意融入产品这一点始终未变。

静研的考究与温柔安静，就是陈红磊骨子里的风骨，日复一日，他闲不下做着设计的手和心。心迹十年如同流水十年，缓慢而不舍昼夜地静静流向深处，水的温润令草木生长，水生木，也是静研实木家具的真正意味。

在静研的江湖里，家是家，家又不是家；这就好比艺术是生活，艺术又不是生活。是静研的家具让家变得鲜活，树木中流淌的岁月洪流在变作家具之后依然不会停止流动。在家的每一个角落里，树木按照自己习惯的时间方式一点点成长，一点点老去。它们始终保持着呼吸，将笔直的身躯变成润泽的模样，给我们的每一天带来新鲜的助力，在不经意间改变我们生活的点点滴滴。

静研的力量，也是时间的力量，更是树木本身的自然力量。不管时间如何流逝，家具始终陪伴着我们，度过春夏秋冬。

Ophelia Rita

舞姿不与四方同

Dance aside

-

“娘man”，这是粉丝对它的形容词，

恰如其分地展现出了Ophelia Rita的特性，

它是女鞋，俊美，而又不失俏丽。

这种特性让Ophelia Rita收获了很多拥趸，

粉丝被鞋子的美吸引而来，

却被店主的个人魅力所折服。

店主为谁？

- Ophelia Rita店主 王老几

一个成日苦心劝粉丝“理性消费”，

把品牌微博简介写成“知名情感博主”的戏精boy——

“王老几”。

-

Ophelia Rita。

这个念起来就能让舌头起舞的词，是一个女鞋品牌的名字。拗口的名字让人不由得想象到一个身穿华服的贵族小姐，她的左手正优雅地举着一个英式茶杯，右手的纤细指尖正慢慢翻阅着面前的书。

但Ophelia Rita看起来似乎不是一个循规蹈矩的贵族小姐，她端庄的剪影下还藏着一丝狡黠的微笑，好像这一秒她还身穿厚重的裙撑，下一秒便破甲而出，化身为一个身形矫健的侠士。“娘man”，这是粉丝对它的形容词，恰如其分地展现出了Ophelia Rita的特性，它是女鞋，俊美，而又不失俏丽。

这种“娘man”的小众特性让Ophelia Rita收获了很多拥趸，粉丝被鞋子的美吸引而来，却被店主的个人魅力所折服。

店主为谁？

一个成日苦心劝粉丝“理性消费”，把品牌微博简介写成“知名情感博主”的戏精boy——“王老几”。

- Ophelia Rita德比鞋“帅乖(乞丐版)”

少时总说梦想，却不抵现实一个耳光

两三年前的王老几和所有刚步入社会的年轻人一样，每天按时上下班，闲时遛狗逗猫、看电影、打游戏、健身，或是发呆、想些有的没的，把时间随意浪费在一切自己喜欢的事情上。那时候的王老几对未来有着一个大致的规划，好好上班，积累社会经验，到35岁的时候就创业。

彼时的王老几扎根于金融行业，兴致勃勃地描绘着未来，或是做一个互联网金融的APP，或是成为一个嬉笑怒骂皆文章的理财大咖，要不然开一个最有意思的健身房，都是极好的。

那一天，所有的事情好像都和以往无差，自己的脚尖所朝着的方向好像还是预想的金融行业翘楚。而那一天过后，从前的生活节奏一去不复返，现实的大门一下打开，命运不由分说就一把将王老几推了进去。家中债台高筑的现实迫使王老几不得不放弃金融才俊的梦想，转身去担起家业，于是他便进入了鞋履这个行业。

如果是在年少时，有人问王老几，你以后会做鞋吗？王老几肯定把头摇得跟拨浪鼓似的说："不行不行，我可是预定的金融界大亨。"等到真正拿起鞋子的这一天，他心里才明白了它的重量。

2015年，王老几回到家中，从鞋子开始创业，一开始的路很顺，很快事业就走上了正轨。过了大半年，王老几感觉自己似乎终于要从家道中落的阴霾中走出来了，脚跟终于落地，也可以松一口气、歇一歇了。但命运大概是很喜欢王老几的，于是又捉弄了他：当时已经做得相当有知名度的店铺因为纠纷只能关闭。王老几像一匹在奋力奔跑中被狠狠地打了前蹄的黑马，重重地摔在了地上，那是旁人不敢想象的痛。

然而正是这一次重摔，一下让王老几醒了过来：如果只是一味地跟着别人的步子走，那只会在行走中忘了自己的方向，最后不知所向，更别提远方。

身边的人说起王老几，总会用幽默有趣形容他，但他却坦言自己是个玻璃心。原先的店铺生意因受打击一落千丈以后，王老几一面叉腰与人说笑，一面默默转身拾起被撞得粉碎的心。说痛总是过于矫情，他人关心固好却不是长久之计，世界已经变得匆匆忙忙，再糟糕的情绪也只能先封存起来。

后来，机缘巧合，王老几结识了意大利的设计师。素来以“专注看脸”著称的意大利设计风格及其不拘泥于常规的傲气点醒了王老几，他又惊又喜，仿佛在一场风暴中挣扎多时之后，突然看到了来路，也看到了去向，他决心要走一条不一样的路。

在王老几心里定下这个念头的同时，Ophelia Rita的故事才真正拉开了帷幕，它用原创的独家设计写下成为百年老店的承诺，那是它不变的方向。走少数派的路线意味着一场漫长而不见终点的征途，总要走得足够远，才能让喜欢它的人发觉。

条条大路通罗马，但我不去罗马

王老几不喜欢和别人走在同一条路上，这倒不是因为他有多离经叛道，只是因为他不喜欢竞争，只想找到一个属于自己的市场。

“假如有十架桥到对面去，第一架桥很大很宽，于是很多人就去那架桥了，快挤破头了，那我就去第二架桥。同理，还有第三架、第四架桥，所以大家为什么一定要在第一架桥争得鱼死网破呢？”王老几喜欢远远站在人群的后面观察他们的想法，那让他觉得很有意思。“之所以品牌同质化严重，是因为很多商人理所当然地把商场当成了战场，就好像结局只能是在一块地盘上争得你死我活这一种，殊不知另辟蹊径就能各安其业。”

作为商人，王老几是合格又不合格的，他懂得什么样的产品才能走得更长远，但偶尔他又像自己形容的：茅坑里的石头——又臭又硬，不懂得去迎合客户的需求。Ophelia Rita的外表的确吸引来了众多粉丝，同时也收到了许多意见，但王老几依然坚守着自己的主张——如果只是为了眼前的效果而急急忙忙地做改变，只会打乱品牌的阵脚，那也不是他心里最初的那个Ophelia Rita了。

在鞋子这个世界里，大多数普通用户对鞋子的概念，还是只停留在“圆头、尖头、高跟、低跟”此类流于表面的特征，很少人能在鞋楦、鞋型上和王老几谈论一二。人们知道美人在骨不在皮，然而大部分人都止步于皮囊这个阶段。对于这个现象，王老几用了一个很巧妙的类比来解释：“《八部半》被电影界奉为神片，但离开了电影圈的导演费里尼却鲜有人谈起。如今那些被披上‘烧脑’外衣的电影——《七宗罪》《致命魔术》等被人们津津乐道，人们不厌其烦地讨论着它们多么优秀，多么烧脑，多么有内涵。这就是现实。‘烧脑’，这个词被赋予了社交货币的

-“皱”系列驼色无铬鞣短靴

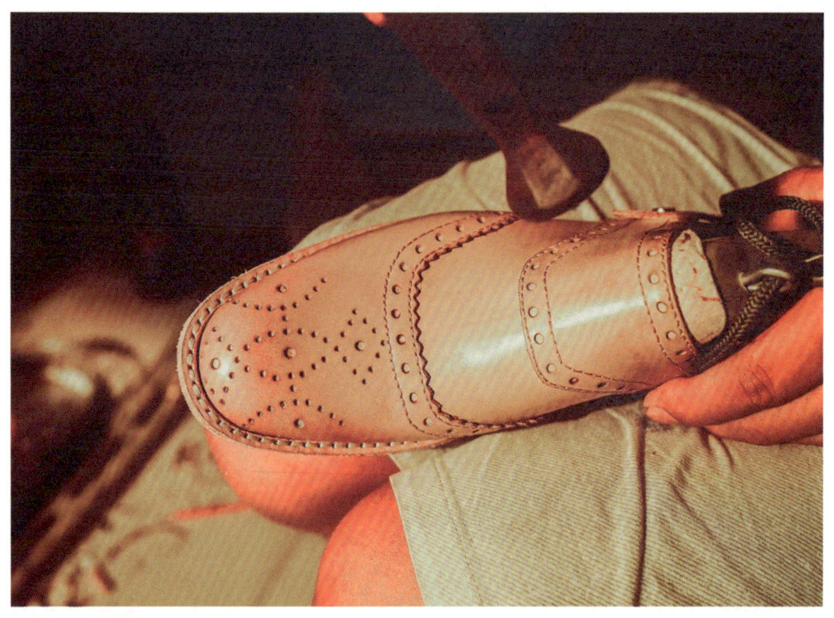

职权，烧脑这个概念让类似《七宗罪》的电影传播度远高于那些比它们优秀，却没有这些标签外衣的电影。”

王老几想要人们能看到鞋面下那些他为之努力的鞋楦、鞋型，看到机器不可替代的意大利后处理工艺，以及其中独特含蓄的设计感，那种非“方头”“高跟”寥寥几字就能概括的独特。这就需要从人们能注意到的鞋面上下功夫，就像翻拍《八部半》一般，Ophelia Rita在鞋面上额外增加了更容易被标签化、被读懂的独特设计元素，观者在被吸引而来的同时，又能进一步地感受到其内涵的用心所在。

他这么承诺了，也这么做了。王老几有着一股少年般的固执，他不按照世界已有的规则来出牌，但世界却忍不住驻足偷看他的举动。他不避讳自己的不足，也不求着别人来给自己赞美，他在自己认定的路上默默地前进着。他毫不犹豫地舍弃对手工师傅健康有害的甲苯，即使客户感受不到其中的差别。他坚持使用天然皮料，即便天然的皮料意味着各种意想不到的瑕疵。他认定了只做意大利风格的鞋子，即使那并不能满足所有人的喜好。

王老几有着自己骄傲的资本，因为Ophelia Rita的手工鞋真正拥有了机器不能取代的优点——无规律可循的手工做旧和染色工艺。比如在“帅乖”这款鞋子上所用的天然浅水色染皮坯的染色处理，在整个过程就经历了四道上色、两道染色工序和两道做旧工序，这样费时费劲的工艺只为了最后水落石出的立体层次感，遗世独立，而这样的工艺是机器难以做到的。王老几喜欢静静地看着师傅做鞋，看着时间被一点点打磨到了鞋子里，又把手工无可替代的优势呈现到了鞋子上。他不喜欢过多谈论其中的手工情怀，只想认真地把鞋子做好。

偏安一隅，独拥一处

看似不着调的王老几在旁人看来总是空有想法，偶然间才惊觉，彼时吊儿郎当的少年已经走出了一条自己独有的路。

Ophelia Rita在拂去时间沙尘之后，渐渐显露出自己独特的模样，它不迎合生活里的大多数，只在琳琅满目的商品中偏安一隅，独拥一处。此时的王老几看起来依然落拓不羁，依然会在微博里发表类似“要学会隐藏极度可爱的自己”的言论，依然会在各个角落规劝客户要“理性消费，不要买不适合自己的鞋”。面前的人总被王老几逗得咯咯直笑，却不知是旁观拍手笑疏狂，疏又何妨，狂又何妨？

生活在左

生活在左，经纬随心

A life on the left

-

棉、麻、丝、毛……

一切纤维，虽不见得定要灿烂夺目，

若是失了万千颜色，终是丢了几分趣味。

“终朝采蓝，不盈一襜。五日为期，六日不詹。”

隔着纸，隔着时间，你会在诗经中偶遇这样的她。

她盈盈而出，款款而来，

安静地采集蓼蓝草，安静地染布。

- 生活在左 苗绣

时间好像在她的举手投足间静止，

又仿佛在偷偷记录她这一程的音容笑貌。

她是自由的，心在左，随心生活。

-

生活的温度，在左

若干年前，年是有温度的，一到过年，便会穿上母亲亲手缝制的新衣，舒适体贴，总是那么合适，不扎身子。

后来，时代的车轮将造物变得轻而易举。

机器轰隆隆地响着，流水线飞快地运转，各种材质、工艺、款式的衣服如雨后春笋般层出不穷。老旧的织布机渐渐落满尘埃，被机器远远抛在身后。

五光十色的世界，层出不穷的欲望。人们不再缺衣少食，却越来越难以做出选择。

因为，无从选择——粗制滥造，抛却用心，唯余空壳。

一件又一件衣服换着，一个又一个人生角色更替着。时间飞快地跑着，一种不满的情绪在逐渐放大，满眼都是庸俗雷同，精致早已被忘怀。

生活也是。

时光默然流淌，等到蓦然回首，才终于发现，原来自己最渴望的，仍是小时候那份简单随性，当中饱含真实纯粹。

- 生活在左 2017年10月 寻迹纪录片《蓝书》

我有纤素手，与尔织锦衣

因为源于心灵，所以无可替代。因为注重品质，所以独一无二。

天然的材质，如云般舒适，它来自土地，来自阳光，来自最自然也最纯粹的地方。

植物染拥有独特的生命，它顺应四时之变，须静心等待光影变换。手采、切碎、搅拌、入水沉缸、几经浸泡、反复续染……诸多复杂烦琐的工序赋予每匹布专有的颜色。空气聚散间，借助时间的想象，自然的力量，最终创造绮丽的色彩。这色彩充满活力，变化无常，鲜有雷同。

“掌以春秋敛染草之物，以权量受之，以待时而颁之。”

是了，它源于自然，经于双手，重于质感，精于设计。这是传统东方美学中最能打动人心的地方，“生活在左”深以为然。

与色彩对话，与自然谈心，将它们一针一线缝进布料，一丝一缕精工细作，穿在身上，灌入灵魂，才是永恒，才是舒心。一切如同旭日东升，暮霭西沉，衣物因心的呼唤而生，因美的凝结而珍，这才是随心而纯粹的生活。这才是“生活在左”——于纷繁浮躁中洞悉自然和手工造就非凡品质。

世间独此一件，世间独此匠心。

当廉价的化工染料在人造纤维的世界里喧嚣，复制出一件又一件徒有其表的衣物时，“生活在左”却推崇植物染色，天然材质，不惜重金、不计付出、不遗余力地去打造一个全新的高品质品牌。

“天地有大美而不言”，“生活在左”自诞生之刻便具备了独一无二的品质和高贵深刻的内涵，携手国内顶级设计师，打造百万设计师系列——材质天然纯粹，工艺尽善尽美，品质无可挑剔。

在“生活在左”的世界里，绣的是千丝万缕的情谊绵长，钩的是柔肠百转的不绝思念，编的是蕙质兰心的美好愿景，织的是五彩纷呈的秀丽画卷……

真丝寄意，苎麻传情，天然的植物萃染，任凭时光东流，白驹过隙，永远不变的，始终是那一份纯粹的温度，和对品质崇高的信仰。

因为，

那是纯粹的爱造就的好物，

世上独一无二，绝无仅有。

人随物安定，物随人长久

“生活在左”的创始人叫林栖。

和名字一样清新雅致的，是她难得的性情，是从骨子里就透着的崇尚自然、热爱自然的气息。

自小，林栖便窥探出绿色海洋里的妙趣，她热爱在森林中奔跑，那空气湿润得恰到好处，那鸟语果真带有花香。她是自然宠爱的孩子，从一草一木中，她感受到真实的美好。

她喜欢依偎在奶奶身边，听着织布机咿呀的声音，好像在讲述着和爱有关的故事。

她喜欢静静地看妈妈织毛衣，无须言语，体贴都在神奇的针法里。她喜欢穿爷爷手工制作的皮鞋，朴素大方，关怀就在每一步舒适的前行中……这些手工艺品或不华美，却最珍贵。

因为，那是纯粹的爱造就的好物，世上独一无二，绝无仅有。正是因为这些，林栖酝酿出了这份纯粹的“手工艺情怀”。

“工艺的本质是一种形式，不管是绣还是编织，都是一种表达形式。但在这种形式背后，却蕴藏着一种手工精神。十指连心，这世上的大部分东西都是用手打造出来的，于是，也只有用手打造出来的东西，才更能贴近温暖的人心。”

民族手工艺的背后总藏着一段值得追忆的历史，那或是茶余饭后的神秘传奇，或是深入家庭的情感记录，这令手工制作饱含人性光芒，折射出丰富的人文精神内涵。

“生活在左”去寻找那些被埋没的手工艺，去嗅探那些一针一线中的不可复制，去还原那些日日夜夜里的专情。林栖说，手工艺里最可贵的就是鲜活的真实感，因为它曾经倾注手艺人深情的倾心，灵动的喜悦，真实的温度。

“我们仍在追寻那些即将被埋没的手工艺，助力传统工艺与现代审美的完美融合，努力将不可复制的一针一线展现给世界。”林栖如是说，“品牌里，我们强调手工艺的真实感，其中不可复制的心情记录，游离在衣服质地上的质感与真诚，随心设计的轻松喜悦，也许这就是对内心最真实的期许。”在过去的光阴中，林栖一直在思考如何将传统工艺与现代审美相结合。

“但很多传统手工艺在现代转换的过程当中，多多少少会遇到一些困难。比如，不适宜大批量生产；比如，一些老技师由于离市场很远，和他们沟通就会有一定的难度，因此就需要更多的耐心去和他们磨合……我们在操作的过程中要做到让传统技艺不断循环，这就是我们强调的健康生态系统问题。所以我们需要相互不断地磨合，为他们而做一些改变。”林栖强调，为了让老手工技师保留他们的传统，“我们尊重他们原本的风俗习惯，我们不要求他们改变，希望能够保留他们的初心。”

近几年，林栖走遍中国的大江南北，去发现更多的传统手工艺，她在拼命地保留传统手工艺文化身份的同时，又尝试和实际生活结合，用

最本质的传统美去诠释现代人的生活。

“所以，当初建立‘生活在左’这个品牌，就是为了‘真诚的手工’，以‘不断追寻传统手工艺与现代审美的结合’为使命，希望通过我们在其中的努力，让更多的人知道传统手工艺的美。三年来我们不断坚持，我们品牌的每一个人都在坚持。”

保持最难，在于始终如一；初心最美，在于不惧时光。

林栖希望每位员工都能尊重传统工艺的精髓，领略传统工艺的美好，静下心去做事，用手沉淀时光，用精神滋养初心。“我现在要求团队必须坚持一点——每一件产品必须先感动自己。这件产品没有感动自己，怎么能感动消费者？”

正是因为“生活在左”每位员工的坚持，现今，“生活在左”已在贵州相继建立了丹寨蜡染手工基地、西江刺绣手工基地、施洞银器手工基地，在内蒙古建立了羊绒手工基地，以及在潮州建立了刺绣手工基地和手工钩花基地，力求传承经典，延续品质，将一件衣物的每个细节都做到极致。

林栖始终相信，美好的造物总会包含手工艺者的心与手掌的温暖，高品质才能穿越时光，带来最长久的陪伴。

人随物安定，物随人长久。在情，在景，在彼时的光阴流转中，美的内涵被诠释，被沉淀，被演绎，遗世独立，恒久流长。

生活在左，不可复制的手工

“生活在左”尊重生命的规律与价值，坚持使用具有生命周期的天然材质，选择制作质地精良的面料，精心用天然植物染色，用一系列的精致手作，向世间的每一个人展示最自然、最真诚的制衣理念，将最好的衣物呈现给每个懂它品质的知己。

其实，这不仅是手工艺，也是态度，更是主张。

唯有手工艺的真实，高品质的精粹，方能触发变幻的心情，于经纬与颜色之间，潜心滋养那属于每个人的、独一无二的心灵，从而靠近真实的内心，靠近事物的本真，靠近心灵的呼唤。

百转千回后，你方在“生活在左”中偶遇这样的她，盈盈而出，款款而来，安静地随性而为，安静地享受生活。

时间好像在她的举手投足间静止，又仿佛在偷偷记录她这一程的音容笑貌。

她是自由的，心在左，随心生活。

造物星球

-

别的房间，别的声音

Another room, another voice

-

造物，是由无到有。

造物，是大自然的事，也是一个个小小的“人”的事。

我们一辈子都在创造，奔波劳碌。

人们习惯于庄严的厅堂，

习惯于方方正正的桌椅板凳，

生活被规则化，却也失去了它的多样。

- 造物星球 胡桃夹子钥匙扣

世界并非只有一个答案，

造物也并非要按照墨守成规的路径走。

在这一个造物星球，你会看到生活另外的模样。

-

时间的左边和右边

时光在没有人打扰的时候，确实是静悄悄的。

夕阳会透过窗子偷偷打量着屋里的一切，积了尘土的沙包静静地躺在角落里。儿时亲手缝制的“毽子”曾经被布包裹着封起来，却也不知去向何处。姥姥缝制的老虎头鞋子还静静地安置在房间里，老虎头的模样依然栩栩如生。时光一蹴而过，这些成为过去，我们在一天天长大，世界从儿时的跳房子格子往外延伸，然后渐渐消失，最后，我们变成了一个小时候觉得最无趣的大人。

当时间左边的孩子将儿时玩意收起来之时，右边的孩子却从中找到了毕生事业。

石佳鑫就是其中一个。他从小爱玩，爱拼装赛车，搭建房子。原本是零零散散的小部件，却能做起一个个小世界。“这个世界真是太好玩了！”彼时年幼的佳鑫乐此不疲地捣鼓着各种拼装玩具，门外的父母只是静静地看着，没有一味地纵容，也不曾横加阻挠。

石佳鑫就这么一边玩着，一边长大了。到了大学选考专业的时候，他选了传媒，想去做纪录片，于是他认真地钻研着，学习着，也偷偷想象着有一天自己的纪录片被大家争相观看的画面。而后，他读研的时候选了亚洲文化继续深造，那时候的佳鑫在旁人看来，以后大概是一个做亚洲文化相关的资深媒体人。

命运总是很神奇，某一天和平日无差，而后再回看，那竟然是历史的一天。

那时的佳鑫，在韩国庆熙大学攻读研究生。因为课业的关系，他经常到一些文化艺术类的地点去和原住民交流。那一天，他看到了一个像茶壶的物件。

它和佳鑫既定世界里的茶壶长得一点都不一样，它就好像一个“离经叛道”的紫砂壶，表面既不是诗词，也不是梅花，而是特别可爱的图案。用“可爱”来形容茶壶，连佳鑫自己都感到万分惊讶。

询问过原住民后知道，这类似中国紫砂壶的物品，制作工艺也是从中国传来的。他们对这种原始的东西不断进行改造，让手工艺品更加精致，更符合现代人的审美和使用习惯。

除了茶壶，他还发现了这里的筷子、陶瓷、砚台，都和他平日生活里常见的相左，图案、造型上都变得十分有趣，比起生活用品而言，它们更像是一个个收藏品。

对啊，为什么我们一定要用正正直直的筷子呢？佳鑫不禁这么想。他的思绪被这些别具一格的小玩意给牵引着，他想到了小时候的拼装玩具，现在最爱的高达。

- 造物星球 鸡好运系列

他好像想到了什么，然而伸手去抓，却什么都没抓到。

而后佳鑫回到国内，为了找到那似有似无的答案，他开启了传统文化的探索之旅。在这旅程开始之时，佳鑫并不知道它的终点在何处，他只是知道从那几千年的历史中，应该能把这散落一地的思绪拼装起来。

他寻访了很多手工艺的发源地，从云南的银器到山西的剪纸，从贵州的苗绣到景德镇的陶瓷……他曾拿起锤子，将全身心倾注到打制银器的清脆声响里。他曾背着手站在剪纸艺人身后，痴迷地看了一整天。他曾手持绣花针，去刺出飞鸟鱼虫。他曾蹲守瓷窑，等待着亲手制作的陶瓷出炉……

他也见到了很多学艺的年轻人，看到那么多人能够执着于手工艺这件“小事”，佳鑫是感动的，但他同时也看到了这些人的窘迫：那些千篇一律的造型和款式，一不小心就会埋没在茫茫人海中。

两年多的游走，让佳鑫明白一个事实：墨守成规的物件难以被年轻一代认可，传统文化很美，但需要更适合年轻人的表达方式。

别的房间，别的声音

在几番尝试后，佳鑫决定了走上皮具手作这一条路。2015年开始，他便把自己全身心放到了皮具手作工艺上，去和经验老到的师傅学习，去看别人一针一线缝制的过程。经过了大半年的学习和制作，佳鑫终于做出了自己满意的作品。“是一只狗和一个悟空的坠子，”他笑着说道，“然后我把它们送给了好朋友，看看他们的评价。”

收到礼物的朋友们不敢相信那是佳鑫亲手制作而成的，以为只是他在开玩笑。这个评价让佳鑫备受鼓舞，接着开始尝试去做更多的作品。原本是被贪有趣的心引领前进，却渐渐吸引了越来越多人，让更多人发现生活中的很多方面都可以加入好玩的元素。

先是主打手工皮具作品，在传统的皮艺基础上，融入现代生活美学，纯手工染色，立体裁剪，纯手工缝制，结合当下年轻人的审美与流行，创造出有趣且时尚的新作品。造物星球的产品独树一帜，就和它的出产地一样：它来自另一个星球，叫造物星球。同样是钥匙扣，造物星球的钥匙扣可能看上去更像是一只法国斗牛犬被困在了钥匙扣中，只能勉为其难地帮你看守钥匙。

“对于传统的手工艺，我们不应该只是单纯地学习和继承，更应该去创造，因为这个世界是在不停转动着的，我们有着历史，知道自己的过去，才能更好地走向未来。但我们走向未来，不应当只是原原本本照本宣科。”

- 造物星球 法斗钥匙扣

但我们走向未来，

不应当只是原原本本照本宣科。

佳鑫想着，传统工艺可以拥有新生命，以新姿态呈现给这个美好的世界。

十二生肖系列一经推出便大受好评，这在佳鑫意料之中，也在意料之外。他原本只是赌一把，他始终相信很多年轻人并非不喜欢传统文化，只是他们没有遇到合适的契机。十二生肖系列的图案别出心裁，和人们常见的十二生肖完全不同，或是呆萌或是狡黠，各有特色不落窠臼，精致的手工制作栩栩如生，自然会收获大批年轻拥趸。

造物星球找到了这样一个保护传统工艺的方案。一开始，是佳鑫一

个人，后来，是一群人。他们有自己的思考，敢于用自己的目光去丈量世界的宽度，他们有的是手工制作的师傅，有的是设计师，有的是客服，但他们都喜欢造物的这个过程，这个过程从一个想法，到一个实物，它能承载既定的过往，也能走向未卜的前方。

因为这样的共同的想法——对人类传统工艺的敬仰，这些年轻人一起把一个个充满活力的想法变成了现实。

佳鑫和他的团队通过无数次的尝试和创新，让一个个传统的物件有了新的生命，并且被这个快节奏的世界重新认可，回归到人们的视野中去。每次创造一个新的东西，他们都要首先得到自己的认可，然后送给自己的朋友，当认可度达到一定程度之后，才会慢慢生产……

现在的他们，把自己的主要消费人群定义为年轻人，通过学习和深造，让自己的美学思想更加靠近当代人的审美观，然后再生产出适合现代人的手工艺品。未来，他们也会把家居用品和动漫IP合作商品作为一个主打方向，计划着去参加一些大型的展会，去跟更多志同道合的人们一起碰撞思想，一起畅想造物的未来。

他们的步伐不紧不慢，但他们也会为了完成一个构想加班到天亮。窗外边的风儿很喧嚣，但手上的物件却足以自成一个世界。探趣的心不变，坚守的品质不疏忽，造物星球一直向前。

他们用自己的方式让慢慢消逝的这些物件用另一种形式鲜活起来，再度成为我们日常生活的陪伴，这是一种力量，也是一种责任。

- 造物星球 狮子钥匙扣

造物星球，
世界是好玩的

造物星球虽然名为星球，但却没有把目标设得特别大，只想着把每一个小细节做好，做出令自己爱不释手，也能让别人眼前一亮的产品。

一物一件，或是古朴或是萌趣，皆是生活的表达。世界有很多面，或是庄严，或是狡黠，或是更多可能性。

造物星球在这个我们习以为常的星球里，建造出另一个有趣的世界，那不是爱丽丝漫游的奇境，而是我们生活的另一个答案。

- 造物星球 熊系列皮夹、钥匙扣

猫王

爱有回声，时光不老

Memories never fade as love echoes

-

重要的东西，是眼睛看不见的。

那么重要的东西，是不是应该用心听？

应该是的，重要的东西，要用心听。

也许容颜易老，

爱情之花会谢，

但爱的声音永远不变，

- 猫王收音机“OTR骑士”

仿若时光倒转，

记忆的长河缓缓流淌。

-

脑海深处，有悠悠旧声流转

冬天，阳光洒满了村庄的每一个角落，对于最朴素的农村来说，这是一年当中最悠闲的时光。那时候，没有流行北漂，没有流行外出打工，也没有手机和Wi-Fi，村里的每一个人都裹着厚厚的棉衣，在自家堂屋的门槛上晒着太阳，这仿如复制粘贴般的场景似乎每一家都一样。这时候，爷爷总会悠然自得地撕下废旧作业本，用泛黄的旧纸严严实实地卷起细碎烟丝，然后用火柴轻轻点着，再重重地吸上一口，然后打开已经放在身边的收音机摆弄一番。

收音机是爷爷在集市上的修理店买的，锈迹斑斑，每次打开都不顺利，但经爷爷的手一修理，便能发出抑扬顿挫的声音来。因为信号不好的缘故，长长的天线经常被拨来拨去。听到声音，几个邻居家的孩子总会拿着作业本来我家写作业，于是，一张摇摇晃晃的老旧书桌被抬出

来，用石头垫起来一个桌角，以便保持桌子的稳定。

孩子们并不吵闹，安静地围着村里唯一和外界接触的东西。他们很喜欢听，喜欢收音机发出来的声音，偶尔跟着学两句，惹来大家的哈哈大笑，爷爷就在一旁抽着烟，听着收音机，心满意足地看着我们。这是记忆里的二十年之前的模样，每每想起，总觉得会被如今五光十色的世界所掩埋，但记忆深处，播音员铿锵有力的声音，像能穿破时光的岁月，在脑海里循环播放。

记忆里的声音，伴着爷爷的模样，真希望现在和那个时候的日子一样，我在写作业，爷爷在摆弄着收音机，听着老旧的机子里响起的纯正普通话。

后来，爷爷把收音机留给了我们，却把自己留给了一抔黄土。

从记忆里走出来的收音机

小时候和现在的世界，就好像是两个错开的宇宙。胶卷、缝纫机、凤凰牌单车早已没了踪影，至于收音机，也只能偶尔在公园里瞧见。

原以为再也不会遇到那些记忆里的场景，直到有一天，遇到了猫王收音机。

猫王收音机的创始人叫曾德钧，对收音机的热爱贯穿了他生命的整个过程。他曾被誉为中国胆机之父，是中国最早从事Hi-Fi音响及电子管功放研究的专家之一，也是中国高端台式收音机设计师。

他青年时期入伍，但因为从小对收音机的热爱，就一直在自发钻研。后因修好团长的收音机，被推荐去搞了无线电通信相关的工作，做了报务员，因此成了当时部队中炙手可热的技术兵。1978年在全国科技大会的时候，曾德钧先生作为优秀技术核心能手从青海的德令哈调到了北京搞科研，从军校毕业后又做了一名老师。再后来，他从一个工兵变成了导弹模拟系统的开发者，带领学生做导弹系统的音响模拟和图像模拟，成为国内最早接触高保真音响的人。之后，他拿了很多国家级的科技进步奖，回到校园深造，再到TCL音响研究所当所长。

“我在音响行业做了一辈子，也喜欢音乐。7岁那年我做出了第一台矿石收音机。”2003年，曾德钧从部队退伍，凭借积累多年的音响知识和数次创业的经验，创办了自己的公司，不到一年时间就开始盈利。业余时间，他拾起了自己对收音机的狂热爱好，每天逛收音机论坛，学习收音机知识，甚至从德国、英国购买五六十年代的收音机。不到两年时间，他从国外买回来上百台收音机。这一百多台生产于收音机黄金时代的古董，一来电子元器件老化，二来频段与现在的广播不完全相同，并没有满足他的心愿。

拥有无线电知识、音响知识

和木工手艺的他，决定自己动手做一台收音机。

2004年，曾德钧为自己设计了猫王收音机的雏形，并通过BBS与收音机发烧友互动。通过反复研究，产品得到改良，后来这个作品就慢慢变成了可对外出售的商品。

2010年，曾德钧正式创办了深圳市云动创想科技有限公司，这家从事传统音频、智能音频设备制造的硬创型公司，致力于打造一流的互联网时代音响产品，旨在为人类生活贡献科技之美。

云动创想旗下的MAO KING（猫王）品牌是一个快速成长的、具有时尚气息的情怀音响品牌，主打“经典、品质、时尚”。而猫王的产品却是从曾德钧创办的另一家公司——深圳市极典科技有限公司的极典产品上做了二次设计迁移过来的。因此，猫王的产品，每一款都是经过十余年的打磨延伸下来的。猫王产品都承袭了收音机的传统文化精神和匠心情怀，散发着极致的听觉感受。

- 猫王收音机“猫王1”

外表与内涵兼备，复古与创新兼收

如果有一款精致小巧的收音机出现在你的面前，你是否会陷入记忆的深处长久凝望？猫王就是这样，在收音机风潮时隔几十年之后，再次频繁出现于各类独立书店、潮品店和文艺青年的朋友圈里。它的出现，唤起了更多人的情怀。

曾德钧曾将第一台猫王收音机的制作过程发到论坛里，引起了强烈反响，3天就吸引了160多人希望他为自己定做收音机，但这款DIY的产品身上仍有诸多不足。之后，曾德钧花了半年多时间重新设计、改进产品，并且为网友更换新收音机。

就这样，他在论坛上建立起不错的口碑，每年能卖出一两百台收音机，这些收音机的受众，普遍在65岁上下。收音机原本只是曾德钧的爱好，公司的主业仍是音箱。

借着众筹的东风，2014年初，曾德钧和荒岛电台创始人黎文尝试了一次黑胶唱机众筹，这次众筹让他小赚一笔，也让他动了众筹收音机的心思。

之后，曾德钧将蓝牙播放、互联网电台等功能加入收音机，把产品定位调整到25岁至65岁的中高收入人群，取名“猫王”，在音乐众筹平台“乐童”上最终众筹100多万元，并收获了广泛好评。

有了之前的成功，猫王2很快就被提上了日程。根据客户的实际需求，猫王2被赋予了更多的消费属性，再加上线上、线下宣传的协同推进和京东众筹带来的流量，猫王2火了，在京东完成7168%的众筹金额，创造了平台音乐硬件众筹总金额的新纪录。

产品成功后，团队发现年轻用户和女性用户更有潜力。于是，定位

Most
Powerful
Women
2011

- 猫王收音机“多士”“飞鹰”与“野性”（从上到下）

在25岁左右文艺女青年们的设计理念出现了，轻便和可充电变成了第一优先级。同时，曾德钧还实现了新设想——新产品可以用一个旋钮直接切换互联网电台和广播电台。

团队又有人提出用埃克苏佩里的《小王子》来包装新产品。就这样，这个巴掌大小、木质外壳、声音温暖的小收音机，被命名为“小王子”。“如果你驯养了我，我们就会彼此需要。”如同《小王子》里狐狸说的那句话，这个带着陪伴意味的“小王子”，吸引了年轻用户的注意。2016年5月，小王子上线，猫王的月销售额从200万元左右猛增至800万元以上。

在爆款基础上，猫王又做了新的小王子，叫作On The Road。小王子的外壳被换成金属，模仿老电影和胶片的色调，漆上灰度较高的纯色，分别命名为复古绿、纯情白、西部黄和嬉皮红，外包装被设计成了一个手提箱。小王子On The Road很受女性用户欢迎：它色彩讨喜，外形也比实木的小王子更萌，后来推出的奥黛丽粉配色，销量则超过其他配色的总和。

自此之后，猫王对外壳元素的执着便一发不可收拾，新发布的RADIOOO产品，共有英伦馆、探险家、美术馆、设计馆、音乐家、造物者六个主题，主题下的每一款IP外壳都对外形和颜色做了特殊设计：“多士60S”像一个面包炉；“野性”的设计加入了吉普车元素，还附有帆布背带；“飞鹰”则用黑红配色纪念第一位独自飞越大西洋的女飞行员埃尔哈特……

猫王从2015年6月开始拓展线下渠道，到现在已有1400多家线下门店，猫王“网红”收音机成就了自己的逆生长之路。

用声音传播文化，用文化影响精神

猫王给自己贴上了不同的文化标签，主标签则是爵士文化和电台文化。在深圳最文艺的“旧天堂”书店里，猫王小王子系列和已不多见的经典卡带陈列在一起。

除此之外，猫王还尝试与喜马拉雅FM等渠道开展合作，同时入驻了一条、吴晓波频道、罗辑思维等垂直内容电商平台。

为了丰富场景化，猫王与花艺界、厨房品牌等合作，让一些喜欢生活情调的消费者用一台收音机、一些复古家具以及其他元素，就能把生活场景塑造得更有趣味。

2017年，猫王主导的电台复活节，邀请了15位金牌电台主播，远离喧嚣浮躁的城市，到撒哈拉沙漠进行一场24小时不间断的电台直播。他们像《海盗电台》中的剧情一样，建造一艘海盗船，并在直播的最后将海盗船烧毁。

他们用这样的方式，把生活在不同角落的青年精神聚集在一起。这是猫王存在的意义，也是猫王自身所拥有的魅力所在。通过不同的尝试，猫王的作品进入了越来越多年轻人的视野，这些个体精神的追求潜伏者，因为这样的作品得到释放和发挥。

时光匆匆逝去，当喜欢听收音机的父辈们渐行渐远，还有一种声音能够让年轻一代拥有认同感和归属感，这是一件不普通的事情，更是猫王所坚持的不平凡的事业。

从过去到未来，这一段缺失的时光，让我们用声音来填补，用记忆来缝补，用方式来继承。

爱有回声，时光不老。

16

掷地说

等待这本书的最终成形，我们竟花费了200多个日夜。

看多了市面上充斥的成功学和鸡汤文学，我们一腔热血想要做出一本关于小群体里的成长者的群像。他们没有媒体和公众的关注，在自己的领域里摸索，有普通人都会经历的困境和成长，移开那“成功创业者”的光环，他们苦涩又真实。

于是在2015年的时候，很偶然地，我们了解到势头渐猛的原生品牌，但在当时记录他们的想法还仅留存在构思之中，真正付诸实践是在2017年。我们决心开始讲他们的创业故事，真正走近那些平凡的创业者，看他们在商海里的起伏与挣扎。

当然于我们自身而言，这绝对是一个不小的挑战。出版行业已经走下资本宠儿的神坛，而我们想要做的这个项目，由于并非是完全商业性质，带来的回报之微薄可想而知，可是几个人聚在一起，就是想要在商业操作的图书中走出一条出路，写真实的故事，还原普通人的品牌之路。

制作的过程中经历的种种苦涩艰难或许曾刻骨铭心过，但是如今很多细节已经忘却，回想起来，更多的是一种云淡风轻的释然。

如果问是否以后还会做这样的图书，其实我也很难给出确切的答复，但我们初心未变，或许下一次见面我们需要一个更好的时间，一个更好的机会。

定价：65.00元

上架建议：生活美学/品牌/创业

ISBN 978-7-5442-9417-1